매일 책읽는 영어교육이 고3까지 간다

매일 책읽는 영어교육이 고3까지 간다

1판 1쇄 인쇄 2022년 7월 13일
1판 1쇄 발행 2022년 7월 20일

지은이 양은아
펴낸이 이기준
펴낸곳 리더북스
출판등록 2004년 10월 15일(제2004-000132호)
주소 경기도 고양시 덕양구 지도로 84, 301호(토당동, 영빌딩)
전화 031)971-2691
팩스 031)971-2692
이메일 leaderbooks@hanmail.net

ISBN 979-11-90616-68-3 03740

매일 책읽는 영어교육이 고3까지 간다

양은아 지음

리더북스

'서점 진열대 많은 공간에 영어책들이 가득한데, 나에게 알맞은 책을 찾을 수 없어.' 이런 고민 한두 번쯤은 했을 겁니다. 유아, 초등, 중등 등으로 세분화, 전문화되어 있는데, 그 내용을 한 권으로 읽고 싶었습니다. 이 목마름을 말끔하게 해결해 주는 오아시스 같은 책을 집필하신 양은아 선생님은 6, 7년 전에 함께 근무했던 아주 야무지시고 학생들로부터 인기 만점이신 고3 전담 선생님이셨습니다. 늘 연구하시고 영어교육에 대해 고민하시던 교사로서, 부모가 원하는 영어교육 지침서를 내셨다는 소식에 저 또한 영어교육에 30년 가까이 몸담았던 사람으로서 반가움과 찬사를 보냅니다. 특히 자녀가 영어에 흥미를 갖고 영어에 매달리기를 원하는 엄마들에게 꼭 추천해드리고 싶습니다.

- **김용오**(경기 시흥고 교장, 영어교육학 박사)

서울대 대학원에서 양은아 선생님과 함께 영어교육을 공부했습니다. 양은아 선생님의 꼼꼼함과 근성 있는 태도를 보면서 정말 본받을 만한 친구라고 생각했죠. 이 책은 양은아 선생님의 성실함과 학문적 고집이 고스란히 녹아있는 책입니다. 책을 읽으면서 그녀가 얼마나 한 글자 한 글자 치열하게 고민하고 힘들여 썼는지를 느낄 수 있었습니다. 서점에 엄마표 영어책은 많아요. 하지만 영어교육 전문가가 유아에서부터 고등학교 영어교육까지를 이 책처럼 구체적인 근거와 예시를 들어 체계적으로 정리한 책은 찾아보기 힘듭니다. 이 책은 막연하게만 느껴졌던 제 두 아이의 영어교육을 고등학교까지 어떻게 안내해 나갈 것인지에 대한 큰 그림을 그리게 해주었습니다. 게다가 양은아 선생님 특유의 조곤조곤하고 상냥한 말투가 물씬 풍기는 문체는 영어교육에 대한 고민으로 지쳐있는 부모님들께 작은 위안이 될 것 같아요. 많은 분께서 이 책을 읽으시고 제가 느꼈던 감동과 든든함을 가져가실 수 있으면 좋겠습니다.

- **오현주**(서울 미림여고 교사, 《EBS 입이 트이는 영어 보카》 및 다수의 영어교과서 집필)

제주 소녀의 첫사랑은 영어였습니다. 그리고 그 소녀는 그 감정을 가지고 교단에 서서, 오늘도 아이들에게 영어에 대한 설렘을 전파하고 있습니다. 하지만 교실 밖의 어린아이들에게도 그 마음을 알리고 싶기에, 저자는 어린 시절부터 영어책 읽는 것의 중요성을 강조하고 또 강조합니다. 세상 모든 어머니의 작은 교실인 가정에서 영어에 대한 풋풋한 설렘이 싹트기를 바라며, 긴 호흡의 여정을 이 책과 함께 가기를 진심으로 빌어봅니다.

- **허준석**(EBS 영어 강사, 유튜브 〈혼공TV〉 운영자, 교육 인플루언서)

이 책은 아이가 내면에서 영어를 모으는 과정을 믿고, 스스로 영어 공부 과정을 설계할 수 있는 구체적인 방법을 설명하고 있습니다. 자녀가 어릴 때는 장기적 관점으로 시작했던 영어책 읽기와 엄마표 영어 공부가 학년이 올라가면 학원과 과외가 그 자리를 대신할 수 있습니다. 하지만 저자는 영어교육 현장에서 영어를 부정적으로 생각하는 학생들을 직접 가르친 노하우를 통해 엄마표 영어를 어떻게 고3까지 연결할 수 있는지 로드맵을 제시합니다. 영어교육 관련 질문을 많이 받는 저에게도 모범 답안 가득한 책이라 가정에서 영어 문해력을 키우며 아이의 영어교육을 시작하는 학부모님께 도움이 될 거라 믿습니다.

- **강유정**(20년 차 영어동시통역사)

'매일 영어책 5권 읽기'로 완성하는 우리 아이 맞춤형 영어교육

칠레의 건축가 알레한드로 아라베나는 '반쪽짜리 좋은 집(Half of a good house)'을 지었습니다. 반쪽은 건축가가 짓고 나머지 비어있는 반쪽은 입주하는 사람들이 채워나가는 집입니다. 거주민들이 생활 수준을 자발적으로 높여 공간을 메우고 증축할 수 있게 했습니다. 그는 "진정한 설계란 사람들 스스로 건축할 수 있는 능력을 부여하는 것"이라고 했습니다.

매년 첫 영어 수업 시간에 학생들에게 '반쪽짜리 좋은 집' 사진을 보여줍니다. 학생들은 이 건축물 사진을 보고 고개를 갸우뚱하며 '영어 수업과 반쪽짜리 집이 무슨 관계가 있을까?' 생각합니다. 저는 이렇게 말합니다.

"영어 수업을 통해 우리는 영어라는 집을 건축합니다. 하지만 일주일에 4시간 만나는 선생님은 여러분에게 온전한 집을 지어줄 수 없어요.

나머지 반쪽은 누가 만들어가야 할까요?"

"저희가 스스로 만들어가야죠."

첫 시간에 자신 있게 대답하는 학생들은 '영어 자존감'이 높습니다. 영어 공부를 하면서 '자립'의 경험을 한 학생들은 온전한 집을 스스로 완성할 수 있다는 희망이 있거든요. 하지만 '영어'라는 두 글자 앞에서 벽돌 몇 개도 쌓아보지 못하고 주저앉는 학생도 허다합니다.

"그동안 영어유치원과 영어학원을 쉼 없이 다녔어요. 하지만 영어 단어만 봐도 숨이 막혀요."

이처럼 진솔하게 자신의 감정을 털어놓는 학생도 있습니다.

저는 16년 차 고등학교 영어 교사입니다. 수업 시간에 녹아드는 수많은 감정을 읽고 이해하는 '해석 노동자'가 되려고 애씁니다. 스멀스멀 피어오르는 부정적인 감정을 외면하면, 반쪽의 집을 완성하지 못하고 포기하는 학생이 하나둘 늘어나거든요. 사실, '평가'가 중심인 고등학교 수업에서 '나는 영어를 못해. 어차피 해도 안 돼.'란 생각에 고개를 떨구는 학생을 다독이기가 힘에 벅찰 때가 많습니다. 그럴 때면 타임머신을 타고 아이들의 어린 시절로 돌아가고 싶어요. 평가에 구애받지 않고, 자신이 좋아하는 영어 그림책을 골라가면서 읽을 수 있는 그 시간으로요. 영어로 책 읽는 시간이 즐거워서 함께 눈 맞추며 까르르 웃을 수 있는 그 시기를 놓치고 싶지 않습니다.

10년 후쯤이면 지금 유·초등 아이들을 고등학교 교실에서 만나게 되겠지요?

이 아이들이 영어에 대해 어떤 감정을 기르면서 커가고 있을까요?

영어를 공부하는 아이들이 '즐거움, 설렘'과 같은 긍정적 정서를 가졌으면 좋겠다는 마음으로 이 책을 썼습니다. 다독 문화가 형성된 가정에서 자랐다면 영어 시간이 친숙하고 반가울 거예요. 어쩌면 어떤 내용을 영어로 배울지 설레서 '꺅'하고 마음에서 환호성이 터질 수도 있고요.

따뜻한 집밥 같은 영어

아무리 진수성찬이라도 정형화된 식당 음식은 따뜻한 집밥을 대신할 수 없습니다. 식탁에 함께 둘러앉아서 밥을 먹으며 나누는 대화는 고유합니다. '집밥'은 '음식'뿐만 아니라 함께하는 시간의 대체할 수 없는 '감성'이 있기 때문이지요. 갓 지은 구수한 밥 냄새가 주는 향수처럼, 아이가 어린 시절에 엄마와 영어책을 함께 읽는 따뜻한 기억을 만들어 주세요. 아이와 함께 식사하듯, 영어책도 함께 읽고, 느끼고, 나누면 그 기억이 더 깊어집니다. 오직 엄마만이 아이의 개별적이고 고유한 특성에 맞는 맞춤식 영어교육을 할 수 있습니다.

어린 시절부터 영어책 읽기에 익숙한 아이들은 영어 문해력과 함께 의사소통 능력도 갖추고 있습니다. 읽기 능력을 바탕으로 듣기, 말하기, 쓰기 능력까지 영어의 4가지 기능을 모두 사용할 수 있어서 수업 시간에 탁월한 수행력을 보입니다.

저를 포함한 모든 엄마의 바람은 무엇일까요?

아이가 고등학교 영어 수업 시간에 능동적이고 주도적으로 수업 내용을 모두 흡수한 후, 타 교과와 융합하며 사고를 확장하는 과정에서 배움의 기쁨을 느끼는 것이겠지요. 또한 자신이 배우고 느낀 것을 모두 영어로 유창하게 표현할 수 있다면 얼마나 좋을까요?

이런 소망을 이루기 위해 엄마들에게 어떤 장기적인 영어교육 로드맵이 있어야 할지를 고민했습니다. 16년 차 고등학교 영어 교사로서 유·초등생 학부모님이 고3 입시까지 영어교육의 큰 그림을 그릴 때 참고할 수 있도록 이 책에 저의 경험을 최대한 녹여냈습니다. 또한 직접 제 자녀에게 영어교육을 하면서 경험하고 느낀 것을 고스란히 펼쳐냈습니다.

이 책은 크게 6장으로 구성되어 있습니다.

1장에서는 '아이의 영어교육을 고민하시는 학부모님께' 편지를 쓰듯 작성했습니다. 제가 대학생일 때 영어와 사투를 벌이던 시간, 직접 자녀에게 영어를 교육할 때 힘들었던 경험을 진솔하게 썼습니다.

2장에서는 '우리 아이 영어교육 상담소'란 주제로 아이 영어교육과 관련하여 엄마들이 궁금해하는 다양한 주제를 다뤘습니다.

3장에서는 가정에서 영어 문해력을 향상하기 위한 결정적인 요소로 '영어책 읽기'의 필요성을 다양한 이론적 근거와 함께 심도 있게 다뤘습니다.

4장에서는 다독으로 영어 문해력을 단단하게 갖추기 위한 6단계를 체계적으로 제시했습니다. 영어 읽기가 주축이 되어 듣기, 말하기, 쓰기, 어휘 활동을 할 수 있는 구체적인 방법도 안내합니다.

5장에서는 상상력과 창의력을 깨울 수 있는 자연 속에서 아이가 오감으로 영어와 만날 수 있는 활동을 소개합니다.

6장에서는 유·초등 시기가 중요한 이유와 엄마표 영어에 방점을 찍고 고3 영어와 입시까지 큰 그림을 그리기 위해 어떻게 해야 하는지 살펴보았습니다.

아이의 영어 능력에 날개를 달아주기 위해

사람이 온다는 것은 한 사람의 일생이 오는 것이라는 말이 있습니다. 실로 대단한 일입니다. 이처럼 다른 언어를 배우는 것도 어마어마한 일입니다. 영어는 평생 배워야 하는 언어이고, 우리 아이 인생의 과거, 현재, 미래를 채웁니다.

부모 대부분은 영어교육의 중요성을 알면서도 그 시작을 어떻게 열어야 할지 주저합니다. 그런 분들께 저는 “하루에 영어책을 5권씩 읽어주세요.”라는 말을 전하고 싶습니다. 산을 오르는 것처럼 아이에게 매일 영어책을 읽어주며 한 걸음씩 앞으로 나아가는 거예요. 한 걸음 한 걸음 오르다 보면 임계점을 지나게 됩니다. 그때가 바로 높은 고도에 도달하는 시점입니다. 그때가 되면 아이가 영어책을 읽을 때 전체의 내용이 한눈에 들어오며 탁 트인 시야를 갖추게 됩니다.

하지만 영어책을 아무리 읽어도 임계점에 이르지 못할 것처럼 느껴질 때가 있어요. 큰 장벽 아래서 좌절감이 밀려옵니다. 그러나 멈추지 마세요. 겨우내 마르고 앙상한 가지를 내보이는 나무는 마치 죽어있는 것 같아요. 하지만 봄을 준비하며 쉼 없이 물길을 내고 있습니다.

인간의 본능 중에 읽기 본능과 말하기 본능이 있다고 하지요? 아이들도 읽기 힘들어도 계속 읽고 싶고, 읽은 걸 말하고 싶은 욕구가 있어요. 그 욕구를 흔들어 주세요. 영어가 성장하는 속도가 더딘 것처럼 보여도, 아이 내면에서는 쉼 없이 영어를 모으는 중입니다. 아이가 반드시 성장할 것을 믿고 토닥이는 힘을 이 책을 통해 얻었으면 좋겠습니다.

서두에서 반쪽짜리 집을 언급했었는데요, 스스로 선택하고 설계한 삶이면 어떤 삶이든 훌륭하다고 생각합니다. 영어를 배워가는 과정도 아이 스스로 설계할 수 있도록 해주세요. 결과가 곧바로 보이지 않는다고 해도 조급해하지 마세요. 아이들은 지금 열심히 영어의 물길을 내고 있습니다. 곧 봄이 오고, 아이들 스스로 싹을 틔워내고 꽃을 피우는 시기가 올 거예요.

영어를 잘하면 세상살이가 더 재미있습니다. 아이의 꿈 앞에 '국제(International)'란 단어가 하나 더 붙을 수도 있습니다. 영어를 잘하면 소통의 장이 세계로 넓어지므로 삶이 다채로워집니다.

이 책을 통해 아이가 달게 될 영어 날개의 한쪽은 '의사소통 능력'이며, 다른 쪽은 '영어 문해력'이 될 것입니다. 물건보다 경험을 구매하는 것의 가치가 더 큰 세상입니다. 직접 부딪치고 느끼면서 자신을 더 사랑하게 되거든요. 영어는 각양각색의 사람들과 더 큰 세상을 탐색하고 경험할 수 있도록 촉매 역할을 하는 언어입니다. 아이가 경험 속에서 성장하고, 자신을 사랑하는 과정에서 영어와 친숙해지면 좋겠습니다.

아이의 영어 능력에 날개를 달아주기 위해 분주한 엄마들의 마음을 충분히 이해합니다. 고3 입시를 생각하면 눈앞이 깜깜해지지요? 하지만 지금, 이 순간만 생각하세요. 아이에게 읽어줄 영어책 5권이 있다면 오늘 아이와 함께하는 영어 공부는 안심하셔도 됩니다. 엄마와 정서 교류를 하며 읽은 영어책은 어린 시절 추억의 한 조각으로 평생 영어 공부를 지속할 원동력이 됩니다. 엄마표 영어를 고민하시는 모든 분께 이 책이 자그마한 도움의 손길이 되기를 바랍니다.

차례

1장

아이의 영어교육을 고민하시는 학부모님께

2장

우리 아이 영어교육 상담소

3장

매일 영어책 읽기

4장

5세에서 고3까지 가는 영어 기본기 완성 6단계

5장

영어와 자연이 만나는 시간

6장

유·초등 영어책 읽기가 고3까지 간다

부록

1장

아이의 영어교육을 고민하시는 학부모님께

영어를 생각하면 어떤 감정이 떠오르나요?

고등학교 졸업생 인터뷰 ❶

저는 영어를 생각하면 막막한 기분이 들어요.

왜냐하면, 매일 공부해도 성장하는 속도가 더디다고 느껴지고,

시험에서 여러 번 목표점수를 달성하는 데 실패했기 때문입니다.

고등학교 졸업생 인터뷰 ❷

저는 영어가 부담스러워요.

영어는 대학입시나 취업의 필수 언어능력인데,

'반드시 잘해야 한다.'는 중압감을 느끼며 공부하고 있거든요.

영어 교실 현장은 상상 속 모습과 달랐습니다.

첫 수업 시간에는 영어 교과의 흥미도 조사를 합니다. 영어가 매우

즐겁고 재미있다는 아이들의 수는 적습니다. '아주 싫다'에 용감하게 표시하는 아이에게 이유를 물어보았습니다. 그 아이는 평생 한국어만 쓸 것이고, 앞으로 인공지능이 자신의 영어 뇌를 담당할 거라서 공부할 필요가 없다고 했습니다. 이처럼 의도적으로 영어학습의 동기를 내려놓는 아이들에겐 '실패'의 경험이 많습니다. 우리나라 영어교육 환경은 '성장'보다 '성적'을 우위에 두므로 영어 수업에도 승자와 패자가 존재하고, 자신을 패자의 범주에 넣는 순간, 자존감을 잃고 무기력해집니다.

학생들에게 '영어'를 생각하면 떠오르는 단어들을 적어보도록 했습니다. 예상대로 '단어 암기', '구문 분석', '반복', '스트레스', '쓰기 수행평가' 등 부정적인 감정이 수반된 단어들이 자주 등장했습니다. 평가가 중심이 된 교육 현실에 쓰라림을 느낄 때, 한 학생이 쓴 '설렘'이란 단어가 빛처럼 다가왔습니다. 그 이유를 물으니 매 수업 시간에 새로운 내용을 낯선 언어로 '표현'하는 방법을 배우는 과정이 설렌다고 했습니다. 답변 중 '표현'이란 단어에서 언어학습의 궁극적 목표가 떠올랐습니다.

교육심리학자인 비고츠키(Vygotsky)는 '말로 표현되지 않은 생각은 그림자로 남는다(A thought unembodied in words remains a shadow).' 라고 했습니다. 영어는 자기 생각을 말로 표현하는 언어적 도구입니다. 모국어가 아닌 다른 언어로 세상과 연결하는 법을 배우는 과정에서 성취감, 설렘과 같은 긍정적인 감정을 느낍니다.

유아 때부터 영어유치원이나 학원을 쉬지 않고 다녔지만, 고등학교 시기에는 알파벳만 보아도 고개를 돌리는 학생들이 많습니다. 부모와 학원에 의한 강압적인 영어 노출은 괴롭고 원망스러운 감정이 쌓이도록 했습니다. 자신의 속도와 방향으로 언어를 체득하지 못한 결과, 수없이 보고 들었던 영어는 어디에도 스며들지 못하고 부정적 감정만 남긴 채 그대로 배출되었습니다. 저는 생각해보았습니다.

'내 아이는 고등학생이 되었을 때 어떤 모습으로 영어 시간에 앉아 있기를 바라는가?'

'그 모습을 위해 아이가 어린 시절 어떤 영어교육을 받길 바라는가?'

이 질문에 대답하기 위해 이 책을 썼습니다. 무엇보다 아이가 영어와 안정적 애착 관계를 형성하여 영어에 저항하거나 회피하는 것이 아닌, 영어를 볼 때 긍정적이고 편안한 감정을 가졌으면 하는 바람입니다.

아이가 영어를 갑갑하고 서먹한 언어가 아닌 반갑고, 친근한 언어로 느끼려면 어떻게 해야 할까요?

이 질문에 답하려고 잠시 생각을 멈추고, 저의 영어 성장 이야기를 떠올렸습니다.

제주 소녀의 첫사랑, 영어

저의 고향은 제주도입니다. 육지에서 영어 교사로 일하다 보니 자연스레 두 가지 부탁을 가장 많이 받았습니다.

"제주도 사투리 한 번 들려주세요."

"어떻게 하면 영어를 잘하는지 알려주세요."

제주도 사투리를 말하는 건 부끄러워도 "혼저옵서예."라고 아래아(·) 발음을 구성지게 말하면 다들 '아' 하고 입을 벌리며 바라봅니다. 그런데, 영어 공부 방법을 물으면 제 입이 '아' 하고 벌어지며 어떻게 시작해야 할지 몰라 주저하게 됩니다. 단 한 번에 명쾌하게 궁금증을 풀어줄 대답을 여전히 찾고 있기 때문입니다. 그 과정에서 저의 경험을 떠올려 봅니다.

올해로 16년째 교직에 몸담은 저에게 영어는 특별한 언어입니다. 학창 시절 카세트테이프로 들려오던 영어는 생경했지만 막연한 모험심을 자극했습니다. 작은 섬에 사는 저를 바다 건너 더 넓은 세상으로 인도해 주리라 믿었습니다. 문학 시간에 읽었던 서정주의 시 〈추천사〉에서, 그네줄을 밀던 향단이가 제게는 영어였습니다.

향단(香丹)아 그넷줄을 밀어라.
머언 바다로
배를 내어 밀듯이.
향단아.

이 다소곳이 흔들리는 수양버들 나무와
베갯모에 놓이듯 한 풀꽃 더미로부터,
자잘한 나비 새끼 꾀꼬리들로부터,
아주 내어 밀듯이, 향단아.

산호(珊瑚)도 섬도 없는 저 하늘로
나를 밀어 올려 다오.
채색(彩色)한 구름같이 나를 밀어 올려 다오.
이 울렁이는 가슴을 밀어 올려 다오!

서(西)로 가는 달같이는
나는 아무래도 갈 수가 없다.

바람이 파도(波濤)를 밀어 올리듯이

그렇게 나를 밀어 올려 다오.

향단아.

– 서정주, 〈추천사– 춘향의 말〉

미지의 세계를 탐험하고 싶은 포부를 가지고 육지로 올라와 영어교육과에 입학했습니다. 난생처음 원어민과 마주했던 대학교 1학년 1학기, 영어는 저를 밀어 올리기는커녕 깊숙이 밀어 내렸습니다. 다른 친구들은 영어 문장이 쑥쑥 입 밖으로 나오는데, 저의 혀는 얼음처럼 굳어, 한 문장도 온전히 내뱉지 못했습니다. 영어를 듣고, 읽을 줄만 알고, 실제로 말해 본 적이 없기에, 눈과 귀만 달리고, 입은 없는 사람처럼 앉아 있었습니다.

그 수업 직후 자취방으로 돌아와 한없이 울었습니다. 세수하려고 물을 틀어놓으면 제주 바다를 보는 것 같아 더 눈물이 났습니다.

'이미 출발선이 다른데, 왜 나는 영어교육을 전공한다며 먼 곳에서 여기까지 왔을까.'

'왜 엄마는 내가 어렸을 때 영어 테이프를 들려주지도 않았던 거야.'

철없이 환경 탓, 남의 탓만 했습니다. 똑같은 교실에 앉아 있는 저에게 '너의 영어는 끔찍해(Your English is terrible.)'라는 소리가 영어로 들리는 악몽을 꾼 적도 있습니다. 교육과정에 따라 성실하게 영어를 공부했는데 왜 내 생각을 영어로 말할 수 없는 걸까? 무엇이 잘못된 걸까? 저 자신에게 끝없이 물으며 영어와의 애증 관계를 시작했습니다.

영어 성장의 비결: 섀도잉과 영어일기 쓰기

'똑똑.'

용기 내어 원어민 교수님 연구실의 문을 두드렸습니다. 제 손에는 여쭤보고 싶은 걸 영어로 잔뜩 적은 종이를 쥐고 있었습니다.

"지금은 영어를 잘하지 못하지만, 장차 훌륭한 영어 선생님이 되고 싶은 영어교육과 학생입니다. 첫 수업 때 영어로 말할 수 없어 느꼈던 당혹감과 자괴감을 떨쳐버리고 싶어서 이렇게 찾아왔습니다. 영어 말하기 실력을 향상하기 위한 비법을 알려주세요."

제 말을 들으신 교수님께서는 피아니스트처럼 영어 말하기를 연습하라고 하셨습니다. 피아니스트가 곡의 완성도를 높이기 위해 잠자는 시간을 뺀 나머지 모든 시간을 연주하듯, 영어로 말하는 연습을 절박하고 치열하게 해야 한다고 하셨습니다.

조언을 들었던 그날부터 말하기 수업교재였던 《노스 스타(North Star)》 책의 테이프를 하루에 수백 번씩 들었습니다. 숨소리 하나도 정확히 따라 하기 위해, 듣고 따라 말하는 섀도잉(Shadowing)을 했습니다. 테이프에서 나오는 영어라는 악보에 맞춰 내 목소리라는 건반을 눌러 완벽하게 따라 말하는 연습을 했습니다.

여기서 잠깐!

섀도잉(Shadowing)의 섀도우(Shadow)는 '그림자처럼 따라다닌다'란 뜻입니다. 사람이 움직이면 그림자가 동시에 움직이듯, 영어를 듣고, 동시에 앵무새처럼 따라 말하는 영어 공부법을 말합니다.

영어 교사가 되면 학생들이 저를 거울삼아 배울 텐데 '끔찍'한 영어 실력에 머물러선 안 된다고 생각했습니다. 그 당시 저는 듣기와 읽기인 '수용 언어'보다, 쓰기와 말하기인 '표현 언어' 실력이 한참 뒤처진 상태였습니다. 중학교 1학년 때 알파벳을 접하고, 교과서로 학교 영어 수업만 듣고 공부했던 제가 영어를 말하려고 할 때의 과정은 이렇습니다.

1단계: 한국어로 생각하기
2단계: 영어로 번역하기
3단계: 영어로 말하기

우선 1단계에서 2단계 과정으로 넘어가는 시간을 단축하는 연습 방법을 고민했습니다. 한국어로 생각하고 곧바로 영어로 바꾸며 이야기해보는 방법도 있지만, 음성 언어는 말하면서 사라져서, 잘못된 표현을 반추하여 수정할 기회가 없습니다. 말하는 순간 '아차' 하지만 어떤 문법이 틀렸는지, 표현이 어떻게 어색한지 정확히 짚고 넘어가기 어렵습니다. 음성을 녹음하고 확인해보는 것도 좋은 방법입니다. 하지만 말하고 듣기만 하는 것보다, 손으로 쓰고 눈으로 보면서 말하고 듣는 것이 더 많은 감각을 활용할 수 있어서 효율적이었습니다.

'매일 영어로 일기 쓰고 말하기' 방법을 통해, 일상에서 마주치는 다양한 상황을 적절하게 표현하는 법을 연습했습니다. 저의 경험을 표현할 때 무슨 말을 할지 전보다 쉽게 쓸 수 있게 되었고, 사전을 찾아가면서 더 알맞은 단어로 수정할 수 있었습니다. 또 영어일기를 녹음하여 틈나는 대로 듣고 입으로 중얼거렸습니다. 제 목소리를 녹음해서 들으니 발음과 억양이 객관적으로 들렸고, 귀와 입 모두 영어표현에 익숙해져서 각 단계를 넘어가는 속도가 빨라졌습니다. 나중에는 영어로 적고 말하면서도 '한국어로 먼저 생각하고 번역했었나?'란 생각이 들 만큼 '표현언어'의 사용이 자유로워졌습니다.

임용고사 준비를 위해 '영어 말하기 능력 시험(TSE)'을 준비한 적이 있습니다. 고득점을 받았던 친구에게 비결을 물어보니, 미국 시트콤 〈프렌즈(Friends)〉를 매일 보고 따라 말했다고 알려주었습니다. '영어 섀도잉' 방법에 익숙하여 영어만 들으면 입 근육이 움찔거리던 때였으니 제게 딱 맞는 공부법이란 생각이 들었어요. 시트콤 주인공들의 매력에 빠져 배꼽 잡고 웃으며 대사를 따라 말했습니다. 그 시간은 그동안 '버티고 견뎠던' 영어 공부를 '푹 빠져 즐기는' 영어 공부로 바꾸는 계기가 되었습니다. 시트콤과 함께 다양한 생활영어를 재미있게 배우며 영어와 애착 관계를 시작했습니다.

캐나다에서 쑥쑥 오른 영어 자존감

대학교 3학년 2학기에 교환학생을 신청했습니다. 이어폰으로 들리는 영어, 책으로 읽는 영어, 일기장에 쓴 영어, 녹음한 영어가 아니라 실제 살아있는 영어를 온몸으로 느끼고 싶었습니다. 매일 단련해서 키워낸 영어 근육을 실제로 현장에서 움직여 보고 싶었습니다.

캐나다 토론토대학에서 6개월 동안 지냈습니다. 이때 영어가 가진 관계 맺기의 힘을 깨달았습니다. 여러 나라에서 온 교환학생들과 영어로 소통했습니다. 성장 문화가 다른 만큼 생각하는 방식과 표현하는 방식이 다채로운 걸 느꼈습니다. 제가 얼마나 작은 세상 속에 있었는지 깨닫게 되었습니다.

매일 밤 잠들기 전, 그날 말하고 싶었지만 영어로 표현하지 못하고, 한글로만 맴돌던 문장을 사전을 찾아보며 수첩에 적어두었습니다. 머리맡에 수첩을 놓고, 적었던 표현을 체화하기 위해 입으로 중얼거리며 잠들었습니다. 잠들기 전에 읊조렸던 영어는 언제든 꺼내 쓸 수 있는 저만의 표현이 되었습니다.

그러나 매일 노력해도 순간적으로 생각하고 대답하며 실시간으로 대화하는 데 어려움을 느꼈습니다. 시제나 수 일치 등의 문법 실수를 할 때가 많았습니다. 처음에는 실수가 두려워 과묵한 사람처럼 고개만 끄덕이고 짧게 답하곤 했습니다. 하지만 여러 상황에서 실제로 말해 보지 않으면 한국에 있는 것과 다를 바 없다고 생각하여 두려움을 떨쳐냈습니다.

캐나다에 있을 때 '일레인(Elaine)'이라는 이름을 지었습니다. 저의 '영어 자아'는 '씩씩하고, 당차다'라고 되뇌었습니다. 생각나는 모든 걸 문법 오류가 있더라도 이야기했습니다. 대화상대가 못 알아들을 때는 솔직하게 이렇게 말했습니다.

"저는 한국에서 온 외국인이에요. 캐나다에 온 지 얼마 안 되었어요. 천천히 한 번 더 말해주실래요?"

그러자 캐나다 친구들은 자신의 모국어인 영어를 배우고자 하는 열정에 감탄하곤 했습니다. 암기하며 머릿속으로 생각했던 영어를 실제로 구사하면서 사람들과 관계 맺을 때의 기쁨은 이루 말할 수 없었습니다. 그동안 영어를 공부하며 느꼈던 좌절감과 같은 일련의 부정적인 감정을 모두 해소했습니다.

캐나다 친구 클래어(Claire)를 사귀며 우정을 쌓았습니다. 귀국 전에 서로 손을 잡고 3시간 넘게 울 만큼 깊은 우정을 나누었습니다. 제가 영어를 잘하든 못하든 진심으로 대하면 세계 어느 곳에 사는 누구와도 공명할 수 있음을 알게 되었습니다. 영어라는 언어로 원어민들과 같은 자리에서 수업을 듣고, 깊은 관계를 맺었던 숱한 경험들이 씨실과 날실이 되어 저의 영어 자존감을 촘촘히 엮으며 키워주었습니다.

나의 첫사랑, 영어

처음 학교를 발령받고 영어 수업을 했습니다. 수업 시간에 아이들은 질문하려고 손을 많이 들었는데, 영어보다 제 삶에 관심이 더 많았습니다.

"댓(that)절 선생님(영어지문 속 다양한 쓰임을 가진 'that'을 많이 강조했는지, 아이들은 저를 그렇게 불렀습니다), 첫사랑은 누구예요?"

이런 질문을 들으면 잠깐 생각하는 척하다 'English'라고 첫음절에 강세를 정확히 주고, 태연하게 대답했습니다.

아이들은 "우~ 재미없어. 영어가 어떻게 첫사랑이 돼요."라며 야유를 퍼부었습니다.

"정말이야. 아련하고 애틋한 눈빛으로 영어의 뒷모습만 좇으며 짝사랑했었거든. 지금은 서로 같은 곳을 바라보며 동행하고 있어."

그러고는 이렇게 이야기했습니다. "첫사랑이 힘든 것처럼 누구나 영어와 처음은 힘들다"고.

수업할 때 아이들이 지쳐 보이면 "오늘 배울 내용은 정말 매력적이고 흥미로워. 한번 보기만 해도 빠져들걸."이라고 운을 뗍니다. 학생들은 속는 셈 치고, "얼마나 재미있는지 두고 볼 거예요."라며 교과서로 시선을 돌립니다. 가끔은 현혹하는 말로 영어 수업하는 교실 온도를 높여야 아이들이 그나마 마음의 문을 엽니다. 학생들이 저처럼 영어와 첫사랑을 했으면 하는 바람으로 수업을 합니다. 영어가 주는 성장은 겪어보지 않고서는 알 수 없습니다. 모든 첫사랑이 그러하듯 영어도 마음에 깊은 자국을 남깁니다.

좌충우돌 아이 영어교육

제 주변 학부모님은 '엄마가 영어 선생이니 아이가 당연히 영어를 잘 하겠지.'라고 생각하시는 것 같습니다. 중이 자기 머리 못 깎는다고 제 아이 영어 지도는 참 어렵습니다.

"엄마 이거 왜 읽어야 하는데?"

"왜 매일 영어책 읽어야 해?"

제 딸 구름이는 고분고분하게 책을 읽으려 하지 않았습니다. 늘 정확한 이유를 알고 이해가 되어야 움직이는 성향입니다. 아이는 영어교육을 시작하려는 저의 발목을 '왜'라는 한 단어로 멈춰 세웠습니다. 엄마의 권위로 "해야 하니까 해."라고 의무를 강조하거나, "넌 엄마처럼 영어 때문에 고생하면 안 되니까."라며 엄마의 전철을 밟지 말라는 말로는 아이의 마음을 조금도 흔들 수 없었습니다.

"(지구본을 함께 돌리며) 영어를 알게 되면 갈 수 있는 땅이 이렇게 넓단다."

"유튜브 영상 보면서 종이접기 하는 거 좋아하지? 세계 최고의 종이접기 채널이 영어로 되어 있대. 유튜브를 영어로 볼 수 있다면 접을 수 있는 종류의 수가 어마어마하겠지?"

"구름이 똑똑해지고 싶다고 했지? (아이의 이마에서 전두엽과 가장 가까워 보이는 부분을 만지면서) 영어를 하면 여기 뇌의 전두엽 회백질이 더 활성화된대."

"구름이가 자신의 마음을 이해해 주는 사람이 좋다고 했지? 넬슨 만델라 대통령은 '상대방의 모국어로 대화를 나누면 가슴에 메시지를 전할 수 있다'고 했어. 실제로, 여러 언어를 사용할 수 있는 사람이 타인의 마음에 공감을 더 쉽게 할 수 있단다."

아이가 영어란 언어를 배우는 것의 힘을 믿게 하고 싶었습니다. 그래서 언어, 뇌과학과 관련된 책들도 찾아가며 여러 가지 답변을 생각하고 적어보곤 했습니다. 일방적으로 강요하지 않고, 대화를 통해서 영어를 왜 공부해야 하는지 그 이유를 함께 생각했습니다. 그 과정을 통해 비로소 아이의 마음이 조금씩 움직이기 시작했습니다. 하지만, 이렇게 대화를 나눠도 한국어 쓰기가 편하고, 영어라는 낯선 언어를 처음부터 답답하게 배우는 것이 싫어 상당히 오랜 시간 영어를 거부했습니다.

사실, 엄마인 저는 불안했습니다. 대학교 때 뒤늦게 영어와 사투를 벌이던 힘든 시간, 어린 시절 영어 노출의 결핍을 원망했던 시간이 떠올라 아이가 하루라도 빨리 영어와 친숙해지길 바라며 발만 동동 굴렀습니다. 제 마음은 성급하고, 잘 따라오지 않는 아이의 반응은 답답하기만 했습니다. 하지만 아이가 싫다는 것을 강요할 수는 없었습니다.

아이가 좋아하던 뽀로로, 타요와 같은 캐릭터 만화를 영어로 보여주었습니다. 영어 동요를 이동하는 차에서 잠깐씩 들려주며 영어 소리가 귀에 익숙하게 했습니다. 물론 아이가 거부하면 바로 껐기 때문에 틀자마자 끈 적도 많습니다. 아이가 기분 좋을 때를 엿보고 영어 공부를 하려고 했어요. 다른 아이들과 비교하며 아이와 싸우지 않아서 정말 다행입니다.

생경한 환경에서 영어를 접하면 마음을 열 것 같아서 여행을 갈 때마다 얇은 영어책을 가지고 가서 숙소 침대에서 읽었습니다. 재미있는 영어 그림책을 계속 읽다 보니, 영어 음가인 파닉스에 자연스럽게 관심을 가지게 되었습니다. 발음하는 법을 알게 되니 영어 그림책을 소리 내서 읽는 맛을 느끼게 되었고, 지속해서 읽으면서 영어 실력이 향상되었습니다.

우리 집 불문율: 하루에 영어책 5권 읽기

오하이오 주립대학에서 '백만 단어 격차(A million word gap)'를 연구하여 발표했습니다. 유아기에 집에서 부모와 매일 5권씩 책을 읽은 아이는 그렇지 않은 아이보다 백만 개의 어휘를 더 알고 초등학교에 입학한다고 합니다.[1] 학교에서 시간이 갈수록 읽기 능력의 격차가 벌어지는 이유입니다. 어휘 수준과 읽기 능력은 밀접하게 연결되어 있어서, 고등학생이 되면 읽기 경험의 차이만큼 어휘 격차가 더 벌어져 있습니다.

고등학교 3학년 영어 시간에는 수능을 대비하여 〈EBS 수능 특강〉 교재로 공부합니다. 서점에서 수능 특강 책을 살펴보면, 어휘 수준과 문장 길이에 놀라실지도 모릅니다. 수능에서 다루는 어휘가 대략 6,000~8,000개라고 합니다. 입시가 코앞인 시점이고, 공부해야 할 과목이 많은 상황에서 아이들이 영어 단어와 씨름할 때의 스트레스는 엄청납니다. 아침 자습 시간에 한숨을 쉬며 '단어-뜻'을 수없이 적고 외우는 아이들이 많습니다. 긴 시간 동안 여러 상황에서 자연스럽게 익혀야 할 어휘를 단기간에 평가를 위해 기계처럼 외우는 과정은 고될 수밖에 없습니다.

아침에 잠든 아이를 볼 때마다 생각합니다. 물질적인 부를 풍족하게 물려줄 능력은 없지만, 책과 영어를 사랑하는 마음은 물려주고 싶다고요. 매일 영어책 5권을 읽는 것이 쉬운 일은 아니지만, 시간이 흐르면서 그 힘은 강력해집니다. 꾸준히 읽다 보면 '내용 예측하기'나 '요약하기'처럼 자신만의 읽기 전략도 생깁니다.

저는 어린 시절에 영어 그림책을 읽었던 경험이 전혀 없습니다.

---

1 Science Daily, A 'million word gap' for children who aren't read to at home, 2019.04.04.

'This is a desk.' '이것은 책상입니다.'

이렇게 한글 번역을 듣고, 영어 문장을 앵무새처럼 따라 하며 영어를 배웠습니다. 학년이 올라가면서 연필을 들고 동사 앞에서 끊고, 관계사절을 괄호로 묶으며 암호 해독하듯이 해석했습니다. 영어를 말할 때 한국어를 먼저 생각하고, 그 뜻에 맞는 영어 단어를 고른 후, 영어의 문장 구조 안에 문법적으로 알맞게 넣고 발화하기 때문에 시간이 오래 걸렸습니다. 뇌 안에 '한글방'과 '영어방'이 있어서 서로 왔다 갔다 하는 구조이기 때문입니다.

하지만 영어 그림책을 읽으며 영어를 배운 아이들은 영어 문장과 그림을 함께 보고 이해합니다. 영어를 상황 이미지와 연결하여 배웠기 때문에 영어를 읽고 생각할 때 '영어방'[2]에만 왔다 갔다 합니다. 훨씬 과정이 빠르고 자연스럽습니다. 그림을 보고, 다음 장면을 예측하며 읽으므로 5권의 책을 읽어도 뇌 전체를 자극하듯 능동적인 사고를 할 수 있습니다. 그래서 저는 '하루에 영어책 5권 읽기'를 우리 집의 유일한 불문율로 만들었습니다.

아이가 영어책을 읽고 싶어 하는 신호를 조금이라도 보이면, 설거지를 하다가도 바로 물을 잠그고 고무장갑을 벗습니다. 아이가 열고 싶은 책의 세계를 저의 품에서 열리게 하고 싶었습니다.

아이에게 책을 읽어줄 땐, 책상다리를 하고 엉덩이가 쏙 들어올 공간

2 '영어방'은 한국어로 먼저 생각한 후 번역해서 표현하지 않고, 영어로 생각하고 곧바로 말하는 것을 비유한 것이다. 사고와 표현을 모두 영어로 하는 공간을 나타낸다.

을 만들어 줍니다. 저에게 폭 안긴 아이의 정수리에 뽀뽀하며 영어 그림책을 읽기 시작합니다. 엄마와 아이가 서로 몸을 맞대고, 같은 책을 바라보며, 책 속으로 빠져드는 순간이 저에게는 참 행복한 순간입니다. 이때 아이에게 소리 내어 영어를 읽게 합니다. 긴 책은 한 페이지씩 교차로 읽기도 합니다. 책을 다 읽으면 '북토크'를 하고 싶지만 아이는 저 멀리 걸어가 버립니다. 그럴 때는 "구름아!"하고 부르며 탱탱볼을 던져서 잡게 합니다. 공을 던지고 받으며, 책 내용은 재미있는지, 별 5개 중에 몇 개를 주고 싶은지 이야기를 나눕니다. 책에 관해 자기 생각을 표현해 보는 경험은 중요합니다. 아이가 정말 좋아하거나 싫어하는 책이 생기는 이유는 내용에 반응했기 때문입니다.

지금은 아이가 "엄마, 일찍 영어를 가르쳐줘서 고마워요. 영어책이 한글책보다 재미있을 때도 많아요."라고 합니다. 자신 있게 소리 내며 읽는 아이는 모든 내용이 한꺼번에 이해되지 않는 불편함과 같은 부정적인 감정보다는 영어로 읽을 수 있는 자기 모습이 자랑스러운 긍정적 감정이 더 많은 것 같습니다. 엄마가 포기하지 않고 기다려 준다면 아이가 영어에 마음을 여는 시기가 분명히 옵니다.

영어 속담 중에 "천천히 그리고 꾸준히 하면 이긴다(Slow and steady wins the race.)"라는 표현이 있습니다. 달팽이처럼 느리고 꾸준하게 하루에 5권씩 영어책을 읽어주는 건 어떨까요? 따뜻한 엄마 품과 하루에 읽어 줄 영어책 5권만 있다면 오늘 하루 엄마표 영어를 불안해하지 않으셔도 됩니다.

영어 읽기에 집중할 때

아이가 초등학교 1학년 여름방학 때 제주 한달살이를 했습니다. 학습 관련은 어찌할까 생각하다가 얇은 영어책을 30권 정도 챙겼습니다. 아이에게 늘 선택권을 주었기 때문인지 영어책과 함께 여행을 가도 거부하지 않았습니다.

이때 자연 주제의 책을 많이 가져갔습니다. 바다에 가는 날이면 모래성 쌓기나 진흙 파이 만들기처럼 직접 바다에서 체험할 수 있는 내용의 책을 선택했습니다. 학원을 가지 않고 온종일 자연에서 뛰놀아서일까요? 바다로 나가 신나게 놀았던 아이는 마음에 빗장이 열려 매일 5권 이상 자발적으로 읽었습니다. 자동차로 장소를 이동하는 시간에는 영어책에 나오는 노래를 자주 들려주었습니다. 노래로 들었던 책을 볼 때면 더 쉽고 즐겁게 읽기 과정에 뛰어드는 모습을 볼 수 있었습니다. 엄마는 아이가 좋아할 만한 노래와 책을 찾고, 아이는 듣고 읽습니다.

부담은 없지만, 집중적으로 영어독서를 했던 그 시기는 아이의 영어 실력이 쑥쑥 자라는 변곡점이 되었습니다. 이 경험으로 아이는 영어책 읽기가 가진 힘을 몸소 느끼게 되었습니다. 이후 집에서도 영어책을 놓지 않는 습관을 갖게 되어 자연스럽게 '데일리 리더(Daily Reader)'가 되었습니다. 여행의 후반부에서는 아이가 익숙해진 책들을 이전과 비교해 유창하게 읽는 모습을 보고 영어 집중 읽기의 효과를 실감할 수 있었습니다.

여행 갈 때, 영어 노래와 영어책을 준비하면 어떨까요? 영어를 공부로 접하지 않았던 아이들은 하나의 놀이처럼 책을 읽고 노래를 듣습니다. 탁 트인 공간은 영어에 마음을 활짝 열게 해줍니다. 잔디 위에 돗자리를 깔고 영어책도 몇 권 놓아두면 멋진 하늘을 배경으로 펼쳐보는 영어책 내용이 더 오래 기억에 남을 거예요.

일상에서 아이와 영어로 대화하기

아이와 등교하는데 영어가 들려 주위를 두리번거렸습니다. 엄마와 아이가 이야기하고 있었습니다.

"What color is the car?"(저 차는 무슨 색이지?)

"Black?"(검정?)

아이가 대답하니 엄마는 "맞아. 영어로 색깔은 'Color'야."라고 말해주었습니다. 아이도 엄마에게 영어 문장으로 짧게 질문하는 걸로 보아 영어로 대화하는 과정이 익숙해 보였습니다.

아침 등굣길처럼 매일 반복되는 시간에 영어로 질문을 던지면 아이들은 영어로 질문을 듣고 말하는 데 익숙해집니다. 사실 공공장소에서 영어를 하면 유난을 떠는 게 아닐까 싶기도 하지만, 함께 걸으며 눈에 보이는 것을 엄마와 기꺼이 영어로 말하는 유아기는 아쉽지만 금방 지나갑니다. 이 시기에 아이에게는 부모가 세상의 전부입니다. 거울을 보듯 엄마의 표정을 투영하던 아이를 기억하실 거예요. 엄마가 영어를 친밀하게 느끼고, 영어로 질문하고 대화 나누기를 주저하지 않는다면 아이들은 분명 눈여겨봅니다. 자신을 낳아준 엄마, 10개월 동안 한 몸 안에서 호흡을 같이했던 엄마가 말하는 언어를 아이는 자신도 할 수 있다고 생각할 것입니다.

"Serve and Return(신호와 반응)."

이것은 아이의 두뇌 발달을 위한 키워드입니다. 테니스에서 공을 서브하면 받아치듯이 아이가 무언가 궁금해하는 신호(Serve)를 놓치지 않고 적절한 반응(Return)을 보일 때 두뇌 발달이 이루어집니다.

어릴 때부터 영어를 많이 들었던 아이는 한글을 알게 되면서 영어로도 어떻게 말하는지 궁금해합니다. 친구 딸은 4살인데, 그 집에 놀러 가면 식탁이나 그릇처럼 자기 눈앞에 있는 물건을 가리키며 "이모, 이건 영어로 뭐라고 해?"라고 물어봅니다. 영어라는 언어에 호기심이 많습니다. 어린 시절 아이들은 여러 언어를 모두 담을 수 있을 만큼 뇌가 말랑말랑한 상태입니다. 그래서 뇌에 쉽게 '영어방'을 지을 수 있습니다.

길게 이야기를 나누고 싶을 때는 주제를 정해주세요.

'아이가 좋아하는 음식'을 주제로 야심 차게 영어 대화를 시작했습니다. 파닉스를 알기 때문에 영어책을 곧잘 읽던 아이라 간단한 문장은 구사할 줄 알았는데, 기대와 달랐습니다. 우선 질문도 정확하게 이해하지 못했고, 무엇을 대답할지 몰라서 "확실하지 않아요(I am not sure)." "잘 모르겠어요(I don't know)."라는 대답만 했습니다.

아이가 김밥을 좋아하고, 김밥 종류는 고유명사이니 한국어로 대답할 수 있어서 상호작용이 잘 될 줄 알았습니다. 그런데 모른다는 대답으로 일관하여 대화가 뚝뚝 끊어졌습니다. 저는 애쓰고 있는데 아이가 단답형으로만 대답하니 속상하고 혼란스러웠습니다.

막막해서 핸드폰을 꺼내 이것저것 살피다가 사진첩에 들어가 보았습니다. 아이가 수영장에 갔을 때 찍었던 사진을 보여주었습니다.

"지금 우리는 수영장에 있고, 할아버지한테 영어로 영상통화를 하는 거야."

이렇게 아이에게 제안하고, 제가 할아버지 역할을 맡았습니다. 아이는 자신이 최근에 오감으로 경험했던 일이라 부족한 언어능력을 몸짓으로 보충했습니다. 아이가 즐겁게 표현하는 모습에서 영어 발화의 두려움을 찾을 수 없었습니다.

"How was your day?"

(오늘 하루는 어땠어?)

"Who did you play with today?"

(오늘 누구랑 놀았니?)

"What was the best part of your day?"

(오늘 가장 좋았던 점은 무엇이었니?)

"Can you tell me something you learned today?"

(오늘 뭘 배웠는지 말해줄 수 있니?)

"What did you see on your way home?"

(집으로 오면서 무얼 봤니?)

이처럼 일상에서 영어로 아이에게 질문을 합니다. 대답이 유창하지 않아도 아이는 영어로 무언가를 대답할 준비를 하며 꿈틀거립니다. 아이가 영어 자극에 자연스럽게 관심을 가지게 되면 이 신호를 놓치지 않고, 영어로 반응해 주는 것을 잊지 마세요.

아이의 영어 신호에 어떻게 반응해주면 좋을까요?

영어 울렁증이 있는 부모는 어떻게 영어로 말을 해야 할지 막막할 수 있어요. 긴 영어 문장으로 반응하지 않아도 됩니다. 아이가 영어 동요를 부르거나 간단한 영어 표현을 할 때, 무안해하지 않고 긍정적인 감정을 느낄 수 있도록 해주세요. 아이가 구사한 영어가 문법적으로 틀렸더라도 화답해주세요.

"Wow." "Right." "You're wonderful."처럼 아이의 신호가 공허한 메아리가 되지 않도록 짧게 긍정적으로 맞장구쳐 주시면 됩니다.

2장

우리 아이 영어교육 상담소

아이마다 개별 특성이 다르고, 가정마다 부모의 아이 영어교육에 대한 철학이 다릅니다. 하지만 아이의 인생에서 영어가 걸림돌이 아닌 디딤돌로 더 큰 세계를 향한 발판이 되었으면 하는 소망은 모두 같습니다.

대한민국 아이들은 초등학교 3학년부터 고등학교를 졸업할 때까지 10년 동안 학교에서 영어를 배웁니다. 앞으로 마주할 수많은 영어 수업에서 아이가 좌절하거나 무기력해지지 않고, 배움을 즐기며 성장하기를 간절히 바랍니다. 영어학습에 당당해져서 수많은 영어 평가에서 주눅이 들지 않았으면 하는 엄마들의 마음을 이해합니다. 영어 교사로서 학부모님들이 '영어 공부를 어떻게 시작하고 가르쳐야 할까?'라고 궁금해하는 사항에 답변하고자 합니다. 유·초등 영어부터 고등학교 영어까지 큰 그림을 그리는 데 도움이 되었으면 좋겠습니다.

Q1

영어책 읽기가 두려운 영어 왕초보 엄마

영어 울렁증이 있어서 아이에게 영어책 읽어주기가 두렵고, 영어로 대화하는 것이 막막한 엄마입니다. 영어책 읽기의 중요성은 워낙 많이 들어서 잘 알고 있지만, 저의 발음이 전가될까 봐 두려워서 읽어줄 수가 없네요.

엄마의 마음은 원어민 성우처럼 맛깔나게 읽어주고 싶지만, 영어책을 열면 어떻게 읽어줘야 할지 까마득할 수 있어요. 그럴 때는 영어책을 읽어주는 유튜브 채널이나 음원 CD, 세이펜 등을 활용해서 영어 그림책을 들려줄 수 있습니다. 아이와 영어책을 읽으며 영어를 듣는 시간에 익숙해지면 한 페이지에 한 단어, 한 문장만 나오는 영어책처럼 간결한 영어책을 읽어줄 수도 있습니다. 발음이 조금 서툴러도 괜찮습니다. 발음보다는 소리가 담은 내용이 더 중요하거든요. 아이에게 "엄마의 발음이 조금 서툴어도 영어를 너와 함께 잘해보고 싶어. 같이 성장해보자." 라고 솔직하게 말해주세요. 아이는 무엇보다 엄마가 자신과 함께 영어를 읽고 싶은 마음을 존중하고 헤아려 줄 거예요.

발음이 좋으면 영어를 잘하는 걸까요?

좋은 발음을 들려주어야 한다고 생각하는 이유는 영어 학습에 발음이 중요하다고 생각하기 때문입니다. 저희 학창 시절에는 미국과 영국의 '표준 영어 발음'을 강조하며 배웠습니다. 현재는 영어가 '세계 공용어'로 국제적 의사소통을 위해 쓰이는 모든 영어의 변이형을 '세계 영어(World Englishes)'라고 칭하며 존중합니다. 앞으로 아이는 영미권 원어민보다, 영어가 모국어가 아닌 다양한 국적을 가진 외국인과 영어로 소통하는 경험이 더 많을 거예요. '속 빈 강정'처럼 겉으로 발음은 그럴싸하지만, 자기 생각을 잘 표현할 수 없다면 영어구사력이 좋다고 할 수 없습니다. 내용이 뒷받침되지 않으면 대화를 흥미롭게 지속해 갈 수 없습니다.

아이 친구 집에 놀러 갔을 때, 냉장고에 '엄마표 생활영어'가 붙어있는 걸 볼 수 있었어요. 아이가 아침에 눈을 뜨고 일어나서 잠자기까지 아이와 일상을 함께하며 쓸 수 있는 간단한 영어 표현이 적혀 있었습니다. 실제로 함께 간식을 먹고 놀 때도 "Come here.(여기로 오렴.)", "What do you want to do?(뭘 하고 싶니?)"와 같은 영어를 사용하기도 했습니다. 조금은 한국 억양이 묻어있었지만, 아이는 개의치 않고 짧게 영어로 대답하며 이야기했습니다. 아주 간단한 문장이라도 엄마가 영어를 쓰려고 노력하는 모습이 아이에게는 일상처럼 당연해 보였습니다.

영어 읽기의 첫걸음을 뗄 때가 가장 어렵습니다. 용기를 내세요. 엄마가 가정에서 아이와 함께 읽는 영어도 소통을 위한 '세계 영어'의 한 부분입니다. 영어를 읽어주는 과정은 영어를 향한 엄마의 마음을 보여주는 것이기도 하고요. 아이가 파닉스를 익히면, 주도적으로 혼자 읽는 시간도 올 거예요. 이때는 함께 그림책을 보고 넘기며, 경청해주세요. 아이가 손뼉을 치며 즐거움을 표현했던 책이 있다면, 함께 대화를 나눠보세요.

아이마다 즐겨 찾는 영어책이 다릅니다. 아이와 함께 도서관에 가서 좋아할 만한 책을 탐색하는 시간도 엄마와 함께하기에 소중합니다. 엄마가 영어를 읽어주는 시간은 그 어떤 것으로도 대체할 수 없습니다. 아이는 그 시간이 주는 따뜻함을 기억합니다.

발음은 이에 비해 중요한 요소가 아닙니다. 요즘은 영어를 원어민 발음으로 들을 수 있는 매체와 방법이 풍부합니다. 엄마와 읽을 때 아이는 정서적인 부분을 챙겨가는 거지, 발음을 그대로 모방하지 않습니다. 아이들은 언제나 '엄마와 함께 읽는 책'을 가장 좋아하기 때문에 함께하는 것이 더 결정적인 요소입니다.

Q2

아이와 함께하는 시간이 늘 부족한 워킹맘

워킹맘입니다. 퇴근 후 집안일을 하고 나면 아이의 영어 공부에 신경 쓸 에너지가 남아 있지 않은데요. 딱 30분만 아이의 영어를 돌볼 수 있다면 무엇을 챙겨주는 것이 가장 좋을까요?

하루 30분 만이라도 아이와 정서적 교류를 나눈다 생각하고, 영어책을 함께 읽는 건 어떨까요?

요즘은 아이들 영어교육을 할 때 총체적인 언어 접근법(The Whole Language Approach)이 강조되어 듣기, 읽기, 쓰기, 말하기 4가지 기능을 분리하지 않고 통합하여 가르칩니다. 이 중에서 입시 영어로 가장 많이 연결되는 부분이 '읽기' 영역입니다. 수능 영어영역에서 상위권의 등급을 나누는 문제는 듣기 영역이 아니라, 빈칸추론이나 문장 삽입 같은 읽기 영역 문제입니다.

수능 영어영역은 70분간 45문항을 풀어야 하는데, 17문제는 듣기평가로 20분 정도 진행됩니다. 답안지에 표시하고 확인하는 시간 5분 정도를 빼면 45분간 28문제를 풀어야 하고, 이는 한 문제당 1분 30초 안에 풀어야 한다는 걸 의미합니다. 지문의 길이와 난이도를 생각하면 1분 30초 안에 문제를 풀기가 꽤 까다롭습니다.

수능 감독을 해보면, 학생들이 유독 영어영역 시간의 종료가 다가올수록 마음이 급해져 시계를 다급하게 바라보며 얼굴이 붉어집니다. 영어지문 내용이 어렵고, 문장의 길이가 길어 글의 요지를 곧바로 파악하지 못하면 첫 문장부터 다시 읽어가는 과정을 반복하기 때문에 한 지문을 풀고 넘어가는데 3분이 훌쩍 지나가는 경우가 많습니다.

문장을 읽어가는 눈의 속도만큼 독해가 따라오지 못하는 이유는 무엇일까요?

영어독해의 속도가 빨라지는 임계점에 도달하기 위한 읽기 절대량이 부족하고, 글의 중심내용을 찾는 독해 요령이 부족해서입니다.

영어책을 읽는 습관을 자리 잡게 해주세요. 처음에는 아이가 좋아할 만한 영어책을 골라주고, 읽어주는 노력이 필요합니다. 영어책에 익숙해지고 독해력이 향상되면 책을 덮을 때마다 책의 내용을 요약해 보는 연습을 해볼 수 있습니다. 아이들이 어휘를 모두 알고 문장의 구조를 이해해도, 요약하기 위해 중심내용을 파악하지 못하면 책의 내용이 기억에 남지 않습니다. 읽기 활동 후 "What was the story about?(책 내용이 어떤 거였지?)"와 같은 질문을 많이 해주세요. 영어책 뒤표지를 보면, 책 전체 내용의 주제가 몇 줄로 요약되어 적혀 있는 경우가 많습니다. 함께 따라 읽어보세요. 물론 아이와 책 내용을 한국어로 편하게 이야기 나누어도 좋습니다.

초등학교 1, 2학년 정도 되었을 때는 요약문을 영어 노트에 적도록 해주세요. 요약문 쓰기는 읽기와 쓰기를 통합한 활동으로 읽기 과정에서 키워드 및 중요내용을 파악하는 초인지전략 활용에 도움을 줍니다. 요약문을 만들기 어려운 경우에는 책에서 가장 중요해 보이는 문장 하나를 그대로 적어볼 수 있습니다.

책을 읽고 책 내용 전체를 요약할 수 있다는 것은 책에 쓰인 글자 안에서 허우적거리는 것이 아니라, 책 위로 사다리를 타고 올라가서 글 전체의 구조를 조망하는 것과 같아요. 이 과정이 훈련되면 아이는 책을 읽으며 문장의 중요도를 판단하고, 눈으로 형광펜을 치며 읽을 수 있게 됩니다. '메타인지' 버튼을 눌러 읽는 과정을 스스로 정리하고, 중요 정보를 캐어 내면서 읽을 수 있게 되는 거죠.

30분의 시간 여유가 없다면, 얇은 책 5권이라도 매일 읽어주는 것이 중요합니다. 영어의 감을 잃지 않기 위해 '매일' 읽을 수 있는 환경을 마련해 주세요. 훗날 수능 영어영역이 쉬운 우리말 책처럼 느껴질 만큼 영어독해 과정이 익숙해지는 성취감을 느낄 수 있습니다.

Q3

영상물 노출이 걱정되는 아날로그 세대 엄마

영어 듣기 연습을 위해 영어 영상물 노출이 중요하다고 들었습니다. 하지만 TV나 스마트폰에 빠지면 교육적인 득보다 실이 많지 않을까 주저하게 됩니다. 몇 시간 정도 보는 것이 적당한지도 고민이 되고요.

저도 미디어 노출에 대해서는 보수적인 편입니다. 스마트폰 시대에 앞으로 시각을 자극하는 영상을 많이 볼 텐데, 제 손으로 아이에게 직접 영상을 틀어주는 것이 과연 옳을지 내키지 않을 때가 있습니다. 사실 영상보다는 책에 우선순위를 두고 싶어요.

빠르게 지나가는 이미지를 보면서 영어를 흘려듣는 것도 영어 노출의 한 방법이에요. 하지만 글자를 읽고, 내용을 능동적으로 생각하는 상위 사고 과정을 단련시켜야 입시 영어로 연결되는 단단한 영어 실력을 만들 수 있거든요.

온라인 영어도서관 프로그램은 책 내용을 녹음한 원어민 성우의 목소리를 듣는 장점이 있습니다. 영어 단어가 들리는 속도에 맞춰 단어를 돋보기로 키워 보여주는 '읽어주기(Read to me)'와 같은 기능도 있어요. 들으면서 손으로 단어를 꾹꾹 누르며 따라가는 '집중 듣기', '손도끼 듣기' 방법을 해주는 것입니다. 영상보다 영어 글자와 소리에 주목하고 시각, 청각을 모두 활성화해주는 장점이 있어요.

그런데 아이들이 학습하는 것처럼 영어를 접하게 되어 긴 시간 동안 흥미를 지속할 수 없습니다. 영어는 언어이기 때문에 충분한 노출이 필요한데, 이를 위해서는 아이가 스스로 영어를 찾아야 합니다.

'뽀통령'이란 말이 있을 만큼 '뽀로로'는 아이들의 사랑을 듬뿍 받습니다. 이 만화 영상은 우정을 바탕으로 소소한 일상을 그려내서 아이에게 해를 준다고 생각하는 엄마는 없을 거예요. '뽀로로'와 비슷한 느낌의 '페파피그(Peppa Pig)', '맥스 앤 루비(Max and Ruby)', '아서 어드벤처(Arthur Adventure)' 같은 영상은 재미있기도 하고, 자극적이지 않은 일상 소재라 더욱 편하게 영어표현을 접할 수 있습니다.

부모가 보여주지 않아도 아이들은 많은 영상에 노출되고 있습니다. 아이들이 노는 모습을 보면, 마치 유튜브를 촬영하고 있는 것 같아요. 놀이의 끝은 "좋아요, 구독하기 버튼을 눌러주세요."란 멘트로 마무리하곤 합니다. 자극적인 한글 영상에 노출되기 전에 영어로 된 유익한 영상을 하루에 1시간 정도 보는 건 괜찮을 것 같습니다. 주중에 TV를 보고 싶어 한다면 영어 영상을 먼저 볼 수 있도록 해주세요.

하지만 영어 영상이 1순위가 되어서는 안 됩니다. 노출 순서를 꼽는다면, 먼저 아이와 온라인 라이브러리에서 다양한 주제의 책을 탐색하세요. '읽어주기' 기능으로 원어민 성우의 맛깔나는 음성을 들으며 영어 그림책을 조금 더 재미있게 접하는 것입니다. 그다음, 건전한 영어 영상을 통해 충분한 영어 노출 시간을 채워주세요. 영상부터 먼저 보여주면, 듣고 읽는 과정의 매력도가 떨어질 수 있기 때문입니다.

Q4

초6까지 고등학교 영어를 완성해야 한다는 말에 조급해지는 엄마

요즘 영어교육에 관심이 많은 엄마들의 얘기를 들어보면, 초등학교 6학년에 고등학교 영어를 마쳐야 수학과 같은 타 교과에 집중할 시간이 생긴다고 합니다. 고등학교 영어 선생님으로서 어떻게 생각하시나요?

영어는 언어이기 때문에 긴 호흡으로 연결해서, 매일 꾸준히 실력을 향상해야 합니다. 그런데 '초등학교 6학년까지'라고 기한을 정해두고 영어를 마친다는 말은 이치에 맞지 않는 면이 있습니다. 고등학교 내신 영어와 수능 영어를 1등급 받는 것을 목표로 한다면, 기한을 정해두고 마무리하기보다 아이의 학창 시절 전반에서 영어와 관련된 인지적, 사회·정서적 역량을 키워야 합니다.

사교육으로 인한 성적 편차가 가장 큰 교과는 영어라고 합니다. 실제로 수능 1등급 실력을 갖추고 입학하는 학생이 있고, 영어교육의 사각지대에 놓여서 파닉스 규칙조차 익히지 못해 영어를 아예 읽지 못하는 학생도 있습니다. 보통 학교에서는 영어 모의고사 3등급 정도의 수준으로 수업을 준비하라고 합니다. 그러니 모의고사 1등급이 나오는 아이들에게는 고등학교 수업 내용이 쉬울 수 있습니다.

하지만 모의고사 1등급이 반드시 내신 1등급을 보장하는 것은 아닙니다. 모의고사 문항은 모두 5지선다형인데, 이 중 90점 이상을 맞아 1등급을 받는 것이 서술형 문항을 포함한 학교 시험의 성공으로 바로 연결되기 쉽지 않습니다. 학교와 교사, 시험 범위에 따라 문항의 유형 및 난이도에 차이가 있습니다. 1등급이 촘촘하게 모여 있는 학교의 경우, 어법 문항과 같은 '킬러 문항'이 등장하여 낮은 정답률로 상위권을 가릅니다. 외국에서 살다 온 학생, 중학교 때 줄곧 높은 성적을 받았던 학생들이 학기가 거듭될수록 자신감을 잃는 이유입니다. 지필평가 서술형 문항에서 감점되어 단 1점의 차이로 2등급을 받기도 합니다. 예상치 못한 변수에 안타까워하는 학생들도 적지 않습니다.

단답형으로 평가하던 부모 세대와는 달리 요즘은 '성장 중심의 서술형 평가'로 평가의 축이 기울고 있습니다. 한 학기 영어 과목 총점수 100점에서 '30~50%' 정도가 수행평가로 이루어집니다. 수행평가는 수업 시간에 교사의 학습 목표 및 성취기준에 도달하기 위해 학생들이 참여한 모든 과정을 관찰하고 평가하는 것입니다. 수업 시간에 다루는 영어지문의 주제를 토대로, 사고와 탐구를 확장한 발표하기, 프로젝트 활동 등을 평가하기도 합니다. 단순히 지식을 암기하는 형태가 아니라, 주제에 관해 주도적으로 탐구하고 사고했는가를 보는 것입니다. 수동적으로 무언가를 '안다'에서 무엇을 '할 수 있다'로 더 나아갈 수 있는지를 확인합니다.

수업 시간에 수행한 결과물을 모아 '포트폴리오' 형식으로 평가하거나 서·논술형 쓰기 활동을 채점합니다. 평소 수업 시간에 배웠던 영문법에 맞게 자기의 생각과 의견을 논리적으로 작성하면 평가 기준을 만족합니다. 개중에는 다양한 문형으로 생각을 표현하는 연습을 많이 해 본 학생들이 있습니다. 사고의 깊이에서 나온 독창성 있는 글이 전체적으로 유창하게 드러나는 영작문 수행물로 교사가 감탄하고 감동하기도 합니다.

영어 수업 시간에 배움을 향한 열의를 가지고 적극적으로 참여하는 학생은 단연 눈에 띕니다. 또한 영어 수업에 어려움을 느끼는 친구까지 살피며 함께 성장하고자 하는 이타심을 가진 학생의 수행력이 학급의 면학 분위기를 이끌기도 합니다.

지필평가의 높은 성적이 바로 종합점수로 연결되지 않는 평가구조입니다. 단지 점수로 판별되는 영어 실력 향상에만 초점을 맞추지 말고, 공교육 수업 시간에 타인에 대한 존중과 자신의 배움이 공동체와 더불어 성장할 수 있게 이끌어 주세요.

초등학교 시기가 타 교과보다 광대한 '인풋'을 요구하는 영어를 공부하기에 시간적 여유가 있는 건 사실입니다. 이 시기에는 배움과 함께 사고를 성장시켜야 합니다. 하지만 중학교에 올라가기 전에 영어 조각 글의 지문에서 정답 하나만 도출하는 영어 문제 풀이에 익숙해지면, 영어를 단지 문제 풀이로만 국한 짓지 않을까 걱정됩니다. 앞으로 남은 중학교와 고등학교의 6년간 영어 수업의 배움에 퐁당 빠질 수 있게 영어를 읽고 생각하는 근육을 더 강하게 단련해야 합니다. 수능 시험을 보는 그 시간까지 마침표는 없습니다. 아이는 영어교육과 계속 연결되어 있어야 합니다.

여기서 잠깐!

영어교육에서의 '인풋'과 '아웃풋'

'인풋'은 '입력'으로, 학습자가 노출되는 언어입니다. 영어 '듣기'와 '읽기'가 여기에 해당합니다. 크라센(Krashen)의 '입력가설'이 있습니다. 학습자 수준(i)보다 조금 높은 수준(i+1)의 '이해 가능한 입력자료(Comprehensible Input)'가 제공되면 학습자는 배경지식이나 맥락을 활용하여 이해하면서 제2언어의 습득을 이룰 수 있다고 합니다.

'아웃풋'은 '출력'으로, 학습자가 생성한 언어입니다. 영어 '말하기'와 '쓰기'가 여기에 해당합니다. 스와인(Swain)의 '출력가설'이 있습니다. 의사소통 능력의 발달을 위해 제2언어를 직접 사용하고 연습하는 기회가 반드시 있어야 하며, 이 과정에서 학습자는 '이해 가능한 출력(Comprehensible Output)'을 만들기 위해 스스로 점검하고 수정한다고 합니다.

Q5

고등학교 생활기록부와 교내 영어 대회 준비가 걱정되는 엄마

앞으로 고등학교 수상 내역이 대입에 반영되지 않는다고 하는데요. 중학교 때 영어 대회에 나가야 할까요?

고등학교 '생활기록부'는 고등학교 입학 전부터 마음에 부담을 주는 다섯 글자입니다. 50년 반영구 보존으로 아이 인생에 '주홍글씨'로 남을 수도 있습니다.

기존 학교생활기록부 작성 지침이 약간 수정되어 2019년에 1학년이 된 학생들부터는 대학 진학 시 수상 경력을 한 학기에 한 개만 입력할 수 있습니다. 과도하게 대회를 주최하고, 수상 실적을 부풀리는 경우가 있어 '수상 경력' 입력에 제한을 둔 것입니다. 예를 들어, 고등학교 1학년 1학기에 '독후감 쓰기 대회'와 '영어 말하기 대회' 등 여러 대회에서

상을 받았어도 3학년 때 단 하나의 상만 선택할 수 있습니다. 다방면에 탁월해도 '대학 전형'에 노출할 수 있는 수상 경력이 제한되어서, 자신이 지원할 전공과 가장 적합한 성격을 가진 상만 신중하게 선택합니다. 현재는 자기소개서에 수상한 내용을 풀어쓸 수 있지만, 2021년 고1 학생들부터는 대학입시에서 자기소개서를 요구하지 않는다고 합니다. 또한 2024년 입시부터는 수상 경력이 대입에 전혀 반영되지 않습니다.

하지만 중학교 때 여러 영어 대회를 탐색해 보는 과정은 나름의 의미가 있습니다. 꼭 수상하지 않더라도, 대회에 참가하는 과정에서 자신의 영어 실력의 강점과 약점을 더욱 객관적으로 바라볼 수 있기 때문입니다. 보통 말하기, 쓰기처럼 표현하는 능력을 평가하는 '영어 말하기 대회', '영어 글쓰기 대회(에세이, 독후감)', '영어어휘 대회', '영어 팝송 대회' 등이 있습니다.

'영어 글쓰기 대회' 참여율이 저조하여, 수업 시간에 참여해보도록 홍보한 적이 있습니다. 수업 시간 후 한 학생이 자신의 영어 실력이 좋지 않은데 대회에 참가해도 괜찮은지 물었습니다. 이렇게 조언했습니다.

"물론이지. 한영 종이사전을 제공하니까 참고해서 영작해볼 수 있단다. 대회에 참석하여 느낄 수 있는 경험을 놓치지 않았으면 좋겠어."

그 학생은 아직 영작이 서툰 단계였지만 대회에 참가했습니다. 수상은 하지 못했지만, 대회가 끝난 후 저에게 찾아와 이렇게 이야기했습니다.

"선생님, 제가 영어로 글을 쓸 수 있다는 걸 알게 된 좋은 기회였어요.

앞으로 영작 연습을 많이 해서 내년에는 꼭 수상하고 싶습니다."

B4 한쪽을 영어로 유창하게 작성하는 아이들에게 자극받은 이 학생은 매일 자신의 생각을 다이어리에 영어로 한두 줄씩 적으며 영작 연습을 했다고 합니다. 그 결과 잇따른 영작 수행평가에서 좋은 결과를 받을 수 있었습니다.

중학교 때 아이들이 참가하고 싶어 하는 대회가 있다면, 모두 격려해서 참가할 수 있도록 해주세요. 경험보다 값진 배움은 없습니다. 중학교 때 영어 교과의 다양한 대회를 준비하고 참가한다면 자신이 어떤 대회에서 강점을 가졌는지 탐색할 수 있습니다. 또한 이 경험은 앞으로 마주할 수행평가 준비에도 분명 도움이 될 거예요.

바뀐 생활기록부 지침으로 아이들이 불리해지지 않도록, 현재 고등학교 선생님들은 그동안 대회로 진행했던 활동들을 패스(Pass), 논 패스(Non-pass)의 형식으로 변환하는 추세입니다. 학교 활동에 열심히 참여한 아이들의 실적을 일렬로 줄 세우기보다는 패스한 학생들이 열심히 참여하는 과정을 관찰합니다. 교과 시간에 참여한 활동은 '과목별 세부능력 및 특기사항'에, 자치 활동 시간에 참여하면 '자율 활동 특기사항'에 입력합니다. 수상 경력에 입력되는 상의 개수도 줄어든 만큼, 창의적 체험활동(자율, 동아리, 진로, 봉사활동) 및 과목별 세부능력 특기사항의 입력글자 수도 줄어들었습니다.

비교과 영역에서 자신의 고유한 강점을 드러낼 공간에 한계가 생긴 점을 역으로 고려해보면, 내신 성적인 '교과 영역'이 대입에서 결정적인 요인이 되었음을 의미합니다. 수능 점수로 대학을 가는 '정시' 전형을 염두에 두더라도, 고등학교 내신을 잘 받고, 수능 최저등급을 맞추는 '교과전형'이 더욱 유리할 수 있습니다. 반평생 기록이 남는 생활기록부가 언제 소환될지 모르니 고등학교 1학년부터 내신 성적 관리를 위해 노력해 주세요. 이를 위해 영어 기초체력을 다양한 영어 대회에 참가하며 중학교 3학년 때까지 길러둔다고 생각하면 좋을 것 같습니다.

여기서 잠깐!

대학 입시전형에는 '수시'와 '정시' 전형이 있습니다. '수시' 전형에 '학생부 종합전형'이 있는데요, 이때 '학업능력(교과성적, 과세특)', '전공 적합성(비교과 기록내용)', '인성(담임이 기록한 행동 특성 및 종합의견)'을 평가합니다. 그동안 수시 진학에서 중요하게 보았던 '수상 내용'을 2024년 입시부터는 반영하지 않아요. 하지만 종합전형을 염두에 두면 '과목별 세부능력과 특기사항(교과 선생님이 수업 시간에 관찰한 구체적인 활동 내용 기록)'은 여전히 중요합니다. 수업 시간에 성실한 태도로 최선을 다해서 능동적으로 참여한다면 '자기 주도성'과 같은 '학업 역량'이 돋보이는 풍성한 과세특 내용이 기재될 수 있을 거예요.

Q6

고등학교 최상위권 학생 부모들의 공통점이 궁금한 엄마

학생마다 개별 특성의 편차가 크고, 가정 및 교육환경도 모두 다르겠지요. 하지만 영어 최상위권 학생을 자녀로 둔 학부모들의 공통점이 있을까요?

고등학교 담임만 10여 년 넘게 했습니다. 고3 학생, 학부모와 깊이 있는 대화를 나눌 시간이 많았습니다. 학생이 묘사했던 부모님 모습과 직접 학부모 상담 때 대화를 나누며 느꼈던 부분을 종합하여 생각해보니 여러 공통점을 찾을 수 있었어요. 이 부분은 영어 교과에 국한되어 상담한 내용이 아니라 전반적인 영역에서 우수성을 보이는 아이의 학부모님에게서 발견한 4가지 공통점입니다.

❶ 아이의 존재에 감사하고, 아이를 믿고 자율성을 인정해 줍니다.

"우리 용수(가명)가 정말 고마워요. 지금까지 건강하게 자라고, 학교생활도 잘해서 늘 감사해요."

결혼 전에는 학부모와 상담할 때 자녀의 존재 자체에 대한 고마움을 표현하는 마음을 온전히 이해하지 못했습니다. 학교에는 늘 학생들이 있으니, 존재의 특별성이 따로 있을까 의아했거든요. 하지만 저도 결혼하여 아이를 낳고, 일과 육아를 전전긍긍하며 병행하다 보니, 자녀가 모든 순간 온전히 살아왔다는 사실 만으로도 감사하다는 걸 마음 깊이 느낍니다.

자녀를 귀한 존재로 대하고, 자율성을 인정해 준다면 아이는 자신의 인생에 스스로 주도권을 갖습니다. 이러한 학부모님들은 아이가 움직이려는 방향이 어디든 감동하는 눈빛으로 지지해 줍니다. 학생이 원하는 진로 방향을 우선 수용해 주고, 왜 하고자 하는지 이유를 경청합니다. 학생이 자기 결정권이 있으면 인생의 중요한 결정을 스스로 내립니다. 또한 책임감을 느끼고 수행하는 자기 주도적 역량도 키웁니다.

❷ 아이에게 관심이 많지만 적절한 민감도를 가지고 돌봅니다.

전반적인 영역에서 우수성을 보이는 아이의 학부모님은 아이에게 관심이 많아 필요한 부분에 눈과 귀를 열어서 민감하게 알아채지만 강요하지는 않습니다. 대화를 통해 아이 스스로 선택하게 합니다. 아이의 행동에 지나치게 간섭하고, 부모가 바라는 행로에서 조금이라도 빗나갈 때 과도하게 반응하는 것이 아니라 적절한 민감도로 아이를 대합니다.

상위권 학생들도 슬럼프에 빠집니다. 수능일 단 하루에 성패가 결정되는 시험을 준비하다 보면 불안감과 두려움이 생겨 납덩이가 가슴을 짓누르는 것 같은 중압감을 느낄 때가 있습니다. 이때 부모가 불안한 말투로 "서울대와 연·고대 사이의 격차는 크다. 서울대 가는 아이들은 이렇게 슬럼프에 빠지지 않을 거야."처럼 비교하면서 숨통을 조이지 않습니다. 자녀는 부모의 꼭두각시가 아닙니다. 부모가 세운 기대 수준에 도달해야 한다는 집착을 버리고, 독립된 인격체로서 자녀의 감정 상태를 이해해 줍니다. 아이의 마음이 회복될 때까지 기다리고, 때가 되었을 때 감싸 안는 적절한 민감도를 보입니다.

❸ 부모와 아이가 많은 대화를 나누어 정서적으로 안정되어 있습니다.

우수한 학생은 어린 시절부터 부모와 충분한 상호작용을 통해 풍족한 돌봄을 받았기 때문에 정서적으로 안정적입니다. 자존감이 높아서 타인의 시선을 의식하며 진정한 자아를 잃지 않습니다. 인간의 두뇌는 감정이 불안한 상황에서 온전히 작동할 수 없습니다. 놀이기구 아래 처진 그물망처럼 실패하는 상황에서도 안정적으로 자신을 받아줄 대상이 있다는 사실은 불안감을 없애줍니다.

"대학입시 끝나면 부모님과 여행을 가기로 했어요. 선생님, 전 그 시간을 기대하며 막막한 고3 시기를 버티고 있어요."

이 학생에게는 어린 시절 행복했던 핵심 기억에 부모님이 있었습니다. 즐거움을 함께 공유했던 시간이 보석같이 빛나서 힘든 시기도 부모님과 함께할 시간을 기대하며 버틸 수 있게 해줍니다. 학부모를 상담할 때 아이의 학교생활 전반 및 현재 정서 상태를 정확히 알고 표현하는 모습을 보았습니다. 어릴 때부터 많은 대화를 나눴고, 감정 코칭까지 빈틈없이 했기 때문입니다.

이렇게 성장한 학생들은 설령 시험 점수의 낙폭이 있더라도, 숨기지 않고 상황을 진단하고 일어서는 회복탄력성이 돋보입니다. 실패해도 부모에게 비난받지 않았기에 다시 털고 일어설 수 있습니다. 자신에게 문제가 생기면 부모가 언제든 기꺼이 시간을 내서 산책도 하고 대화도 나눌 수 있다는 걸 알기에 안정적으로 공부할 수 있습니다.

❹ 실천력이 있어서 아이가 필요한 환경을 알아차리고 조성해 줍니다.

우수한 학생의 부모는 행동하지 않으면 변화가 없다는 것을 잘 알고 있습니다. 아이에게 도움이 필요한 순간을 포착하면, 전문가에게 상담받는 것을 주저하지 않습니다. 학습적으로 필요한 부분이 무엇인지 예리하게 알아차리고 행동합니다.

《샬롯의 거미줄(Charlotte's Web)》이나 《홀즈(Holes)》, 《프린들(Frindle)》 같은 영어 원서를 집에서 즐겨 읽을 만큼 영어를 좋아하는 학생이 있었습니다. 비결을 물으니, 학생의 어머니는 아이가 읽는 책을 유심히 보고, 비슷한 수준으로 수평선 읽기를 하도록 한 책의 독서가 끝날 때쯤 다음에 읽을 책을 준비한다고 했습니다. 아이가 말하기 연습을 하고 싶다면 화상영어처럼 아이의 시간대에 맞춰서 영어 말하기 연습을 하는 프로그램을 알아봐 줍니다. 이렇게 아이의 영어 공부 향상을 위해 환경을 조성해 주는 실천력이 있습니다.

이런 이야기를 들을 때 "부모님이 영어를 잘하시니?"라고 물으면 그렇지 않다고 답하는 아이들도 많습니다. 부모님과 상담할 때 여쭤보면, 영어 공부가 중요하고, 자신도 영어를 공부하지 않았던 과거를 후회하기 때문에 아이와 함께 공부하며 성장했으면 좋겠다고 이야기합니다. 그래서 아이가 나중에 후회하지 않도록 환경을 조성해 준다고 합니다.

이런 학부모들은 실행력이 있어서 '아이 영어 공부를 어떻게 시키지?'라고 고민하는 시간에 앉아 있기보다는 직접 손과 발을 움직입니다. 도서관에 가서 아이가 좋아할 만한 책을 골라주거나 선배 엄마들의 조언을 듣고 아이가 영어와 친숙해지도록 몸을 움직여 환경을 만들어 줍니다.

Q7

영어교육의 최종 목표가 궁금한 엄마

자녀 영어교육에 대해 주위에서 하는 말에 자꾸 휘둘리게 됩니다. 최종 목표를 핀셋으로 정해야 방향을 잃지 않고 나아갈 수 있을 것 같습니다. 우리 아이 영어교육의 최종 목표는 무엇이어야 할까요?

이 질문에 대답하기 전에 우선 질문 하나를 하고 싶어요.
"아이가 원어민처럼 말하기를 원하나요?"

어느 날, 책을 읽다가 우연히 본 문장에 시선이 꽂혔습니다.

'다른 언어를 배워서 그 나라의 원어민처럼 말하지 않겠다.
다른 언어를 배워서 그들이 절대 할 수 없는 이야기를 할 것이다.'

이 문장은 '원어민처럼 말하는 것이 영어교육의 최종 목표다.'라고 믿어왔던 저의 영어교육 철학을 단번에 흔들었습니다. 이 말을 한 응용언어학자 클레어 크람시(Claire Kramsch)는 〈비원어민이 가진 특권〉이란 제목의 칼럼에서 '비원어민들은 자신을 표현할 여러 언어가 있다는 점에서 특권을 가졌다.'라고 했어요. 비원어민은 모국어 문화를 추가로 가지고 있어서 '무엇을 말할지(What to say)'가 원어민보다 풍부하고, 원어민이 가질 수 없는 통찰력도 있다고 합니다. 그동안 우리는 '어떻게 말할지(How to say)'에만 초점을 맞춰 왔기에 비원어민으로 영어를 배울 때의 특별한 이점을 간과했습니다.

아주 어릴 때부터 두 언어에 노출되어 이중 언어를 유창하게 구사하는 사람들의 뇌를 관찰한 연구가 있습니다.[1] 이들의 뇌에는 모국어와 제2언어의 두 회로가 있는데, 이 두 회로의 전원이 항상 켜져 있어서 '저글링'하는 방식으로 두 언어를 사용한다고 합니다. 따라서 언어를 사용할 때마다 한 언어 회로에 쏟는 주의력과 집중력이 강화됩니다.

그러면 한국에서 영어를 배울 때 우리 뇌는 어떻게 작동할까요?

모국어인 한국어 회로는 계속 켜져 있는 상태라서 영어를 사용할 때도 모국어의 간섭을 피할 수 없습니다. 따라서 한국에서 영어를 배우는 상황에서는 모국어처럼 완벽하게 영어 회로만 켜고 집중해서 생각하고 말하는 건 생물학적으로 불가능하다는 결론에 이릅니다.

---

1 알베르트 코스타, 김유경 역, 《언어의 뇌과학》, 현대지성, 2020.

특히 우리나라는 돈이나 시간을 투자하지 않고는 영어와 만날 수 없는 EFL(English as a Foreign Language) 환경이에요. 영어를 매일 자연스럽게 일상에서 사용하는 원어민들과 처한 환경이 근본적으로 다릅니다. 그러니 '원어민' 수준의 영어를 습득하는 것은 사실상 불가능합니다.

그럼, 아이 영어교육의 목표는 무엇이 되어야 할까요?

영어교육의 목표를 '원어민'이 아니라 '잘 훈련된 영어 구사자'로 설정해 보는 건 어떨까요.

다음은 제가 원하는 아이의 영어 구사력입니다.

❶ 자신이 알고 싶은 주제를 언제든 영어로 편하게 읽고 이해하는 영어 문해력을 갖춥니다.

영어로 자료를 찾아 읽는 것에 거부감이 없고, 낯선 단어를 마주할 때도 두려움 없이 맥락을 이해하는 긍정적이고 능동적 자세를 키웁니다.

❷ 어떤 주제든 자기 생각을 뚜렷하게 말하는 대화 기술을 익힙니다.

하고 싶은 이야기를 영어로 어렵지 않게 소통합니다. 말문이 막혀 대화의 흐름이 단절되지 않도록 합니다. 자신이 원하는 말을 쉬운 단어로 바꿔서 표현할 수 있는 능력을 갖춥니다.

❸ 번역기 사용에 의존하지 않습니다.

영어를 읽고 머릿속에서 내용을 스스로 구성하여 정보의 1차 소비자가 됩니다. 외국인과 소통할 때 번역기를 사용하여 보여주거나 들려주는 형태로 의사소통을 하는 것이 아니라 직접 자기 생각을 이야기하며 관계 맺는 소통을 합니다.

❹ '두잉(Doing)'이 아니라 '비잉(Being)'을 보여주는 외국어 구사력을 갖춥니다.

'새로운 언어를 배우고 새로운 영혼을 가져라.' '언어는 생각이 흘러 들어가는 영혼의 피이고, 생각을 성장하게 한다.'라는 명언이 있습니다. 진정으로 외국어를 습득하면, 분주하게 무언가를 하면서(Doing) 언어를 구사하지 않습니다. 나를 표현하는 하나의 도구로 영어를 구사하면서 습득한 '언어 자아(Language Ego)'가 있습니다. 이 자아를 토대로 영어를 사용하며, 차분하게 생각과 존재(Being)를 보여줍니다.

다른 언어를 배운다는 것은 다른 방식으로 생각하는 길을 머릿속에 열어 두는 것입니다. 언제든 켤 수 있는 언어 회로를 하나 더 만들어 놓는 것과 같습니다.

자녀의 두뇌 속에 한국어와 영어의 회로를 모두 켜면서 생각의 경계를 넓히는 영어교육을 하면 어떨까요?

사고력을 키워서 자신만이 할 수 있는 이야기를 답답하지 않게 표현할 수 있을 만큼 영어를 구사할 수 있는 사람이 되도록 하는 거예요. '어떻게 말할지(How to say)'보다 '무엇을 말할지(What to say)'에 초점을 두는 것입니다.

그럼, 이 목표를 어떻게 성취할 수 있을까요?

한국의 영어교육 환경에서 제가 원하는 목표로 다가가기 위한 해결책이 있습니다. 그것은 매일 영어책을 읽는 것입니다. 사고력과 언어능력을 동시에 함양할 수 있는 최선의 방법은 바로 영어책 읽기입니다.

3장

매일 영어책 읽기

영어 문해력 환경은 가정에서부터

인간은 동물과 다르게 '언어습득장치'[1]를 갖추고 태어납니다. 누구나 언어를 발달시킬 수 있는 능력이 있습니다. 지금 이 순간에도 전 세계 사람들은 이전에 발화된 적 없는 창의적인 표현을 무한으로 생성합니다.

언어란 도구를 사용하여 우리의 생각을 의미를 갖춘 형태로 마음껏 만들며 전달하는 과정이 매력적입니다. 또한 생각과 언어는 밀접한 관련이 있기에, 언어로 표현할 수 있는 만큼 인간의 사고도 제한됩니다.

독서를 통해 생각의 지평을 넓히면 그만큼 사고가 확장되고, 언어로 표현할 수 있는 범위도 넓어집니다. 인류가 '문해력 향상'에 촉각을 곤두세우는 이유도 그러합니다. 읽을 수 있다면 무엇이든 배울 수 있고 표현

1 미국의 언어학자 촘스키(Chomsky)는 모든 인간은 선천적으로 '언어습득장치(Language Acquisition Device)'를 가지고 태어나기 때문에, 어린이가 언어규칙을 이용하여 언어를 구사할 수 있다고 하였다.

할 수 있습니다. 유네스코는 '문해력이 바로 자유다.'라는 슬로건을 내세우며, 문해력은 인간답게 살기 위한 기본적인 인권이라고 주장했습니다.

영어교육자들은 '국가 영어교육 과정'이 제시한 방향처럼, 아이들의 영어 문해력이 향상되어 평생 국제사회에서 영어로 능통하게 의사소통할 수 있기를 기대합니다. 하지만 학교에서 영어교육을 할 수 있는 시간은 제한되어 있습니다. 학교 수업만 듣는다고 해서 저절로 영어가 아이들 인생의 동반자가 되지 않습니다. 영어 능력 수준이 다른 30명 정도의 학생들이 한 교실에서 수업하는데, 교사 한 명의 역량으로 모든 학생이 영어에서 인지적, 정서적으로 균형 잡힌 성장을 하도록 이끌 수는 없습니다. 학교 밖 '가정'에서 아이의 영어 문해력 환경을 제공해야 비로소 공교육 영어가 추구하는 궁극적인 목표가 구현됩니다.

교사들은 배움의 속도가 다른 100여 명이 넘는 학생들을 매일 가르칩니다. 그중에 낙오하는 아이들이 분명하게 보입니다. 하지만, 평가를 위해서 반드시 가르쳐야 할 범위가 있기에 안타깝지만 수업 속도를 늦출 수 없습니다. 교사들은 '교육자'이기 전에 '평가자'가 되었다는 생각에 자괴감을 느낍니다. 모든 아이가 배우고 성장하는 모습을 볼 수 없다는 안타까움에 휩싸이곤 합니다. 평가를 위한 영어학습은 범위가 정해져 있고, 시험 유형에 맞추어 수동적으로 공부하는 형태이므로 흥미를 느끼기 힘듭니다.

그래서 평가와 관련 없이 의미를 따라가며 영어를 즐길 수 있는 유·

초등 시기 자녀들에게 가정에서 영어책과 친해질 수 있는 문해력 환경을 꼭 만들어달라고 강조합니다. 여러 연구에서도 어린 시절 가정에서 부모와 성공적으로 책을 읽었던 경험이 인생 전반의 문해력 향상에 영향을 미친다고 합니다.

아이의 내재화된 언어능력이 밖으로 나오려면

문해력(Literacy)이란 읽고 쓸 줄 아는 능력을 말합니다. 미국의 앨버타 교육부(2015)는 문해력은 읽고 쓰는 것 이상으로 "일상생활의 모든 측면에서 의미를 획득, 구성 및 전달하기 위해 언어에 참여하는 능력, 자신감 및 의지"라고 정의합니다. 하지만 우리나라는 영어를 외국어로 배우는 EFL 상황이기 때문에 인위적인 환경을 조성하지 않으면 영어를 만날 수 없습니다. '일상생활의 모든 측면'에서 영어를 사용하는 물리적 환경이 자연스럽게 마련되지 않으므로 가정에서 영어 노출 환경을 의도적으로 만들어야 합니다. 문해력 형성을 위한 '이해 가능한 언어입력'이 지속해서 충분하게 이루어져야 하고, 이것은 가정의 '다독 환경'으로 구현할 수 있습니다.

사람은 누구나 '언어습득장치'를 가지고 태어나지만, 영어가 모국어처럼 '발생적 문해력(Emergent literacy)'이 나타나기 위해서는 언어와의 상호작용이 필요합니다. '줄탁동시(啐啄同時)'란 말이 있습니다. 병아리가 알에서 깨어나기 위해서는 어미 닭이 밖에서 쪼고 병아리가 안에서 쪼며 서로 도와야 일이 순조롭게 완성됨을 뜻합니다. 이처럼 아이의 내재화된 언어능력이 밖으로 나오기 위해서는 가정에서 언어 노출의 환경을 만들어 함께 자극해 주어야 합니다.

발생적 문해력(Emergent literacy)이란 공식적인 읽기 지도를 받기 전에 유아가 글을 매개로 성인과 상호작용하는 일상생활 경험을 통해 자연스럽게 글자에 관심을 보이면서 문해 능력이 나타나는 것을 말합니다. 보통 '발생적 문식력'으로 표현합니다.

영어 문해력 습득의 4가지 요소

가정의 영어 문해력 환경은 아이와 영어책을 많이 읽는 '다독'부터 시작합니다.

그럼, 무엇이 성공적인 '가정 영어 문해력 환경'을 결정할까요?

조안 로버츠(Joanne Roberts, 2005)의 연구[1]를 참조하여 한국에서 영어 문해력 습득을 위한 4가지 요소를 제시합니다.

❶ 얼마나 자주 아이와 영어책을 읽는가?

연구에서는, 저소득 가정과 중산층 가정의 '함께 읽기(Shared

1 Roberts, J. (2005). The Role of Home Literacy Practices in Preschool Children's Language and Emergent Literacy Skills. Journal of Speech, Language, and Hearing Research.

reading)' 빈도수는 다르다고 합니다. '엄마표 영어'가 보편화된 우리나라 상황에서는 가정의 평균 수입보다는 '부모의 관심도와 의지'가 '가정에서 영어책 함께 읽기'의 빈도수를 결정하는 듯합니다. 도서관에서 영어책을 얼마든지 빌릴 수 있습니다. 엄마가 영어책을 읽어주기 힘든 경우에는 펜으로 찍어 음성이 나오게 할 수도 있습니다. 인터넷에서 원어민이 읽어주는 동영상을 쉽게 찾을 수 있습니다. 이처럼 우리나라는 영어책의 접근도가 높은 환경입니다.

저는 아이와 매일 5권의 영어책을 읽는데, 일주일 평균 35권을 읽는 셈입니다. 모국어가 아닌 외국어를 읽어주는 것이고, 일상 환경에서 영어 노출을 충분히 해줄 수 없으므로, 아이가 흥미를 잃지 않는다면 더욱 많이 읽어주면 좋습니다. 다만, 단기적으로 많이 읽기보다는 장기적으로 꾸준히 읽기 습관을 형성하는 것이 중요합니다.

❷ 얼마나 아이가 영어책 읽기에 흥미를 보이는가?

읽기의 빈도수보다 문해력 향상에 더욱 결정적인 영향을 미치는 요소는 독서 과정에서 보이는 아이의 흥미도입니다. 부모의 역할은 아이가 흥미를 느낄 수 있는 책을 제공하는 것입니다. 아동 문학 교수인 프랑크 세라피니(Frank Serafini)는 "책을 싫어하는 아이란 있을 수 없다. 단지 맞는 책을 발견하지 못한 아이들만 있을 뿐이다."라고 했습니다.

인간이 '언어습득장치'를 가지고 태어나듯이, '읽기습득장치(Reading

Acquisition Device)'도 모두 가지고 태어나는 듯합니다. 배스킨라빈스의 31가지 맛 아이스크림 중에서 자신의 취향을 저격하는 맛이 반드시 있는 것처럼, 30가지 이상의 책을 쇼핑하듯이 들춰보면 아이의 취향에 가까운 책을 찾을 수 있습니다. 아이의 언어 발달 수준에 맞으면서 내용이 흥미로운 책을 골라보세요. 아이가 영상을 보며 좋아했던 캐릭터가 나오는 영어책이나, 동물이나 자동차처럼 평소 관심이 많은 대상이 생동감 있는 그림으로 등장하는 책도 좋습니다. 영어책과 관계를 맺기 시작하는 과정이기 때문에 애착 인형처럼 가까이 두고 싶은 '첫인상'이 끌리는 책을 채택하는 것이 좋습니다. 이 과정에서 엄마도 자신의 취향을 저격하는 영어책을 찾는 재미를 느낄 수 있습니다.

제 딸 구름이가 애착하는 책은 그레그 피졸리(Greg Pizzoli)의 《The Watermelon Seed》입니다. 사실 처음에는 '영어책'이란 편견으로 좋아하지 않았는데요, 아이가 좋아하는 여름 과일 수박에 귀여운 상상력이 덧붙여진 내용에 푹 빠져, 책 내용을 다 외울 정도로 손때가 많이 묻은 책이 되었습니다. 수없이 반복해서 읽었더니 "Chomp! Slurp! Gulp!"와 같은 의성어를 포함한 책의 전체 내용 및 주인공 악어의 표정까지 모두 외웠습니다. 이런 인생 책을 '홈런 북'이라고 부릅니다. 아이의 홈런 북을 찾아 영어책 읽기에 흥미, 자신감, 몰입과 같은 정서적 동기를 갖도록 해주세요.

❸ 세상에서 엄마만 해줄 수 있는 읽기 전략을 사용하는가?

엄마와 아이가 영어책을 읽는 시간은 고유하고 특별합니다. 엄마의 따뜻한 품에 안겨서 함께 같은 곳을 바라보며 영어책을 읽는 시간이 갖는 질감과 온도는 아이가 훗날 영어를 읽을 때 떠올리는 감정을 결정합니다. 이때 엄마는 아이의 영어 문해력을 향상할 수 있는 상호작용 활동을 할 수 있습니다. 읽는 과정에서 책의 그림, 등장인물, 줄거리에 대해 아이가 "예 또는 아니오"로 대답하고 끝나는 '닫힌 질문'이 아니라 상상력을 펼칠 수 있는 '열린 질문'을 하면서 읽기에 몰입하도록 합니다. 장석주 작가가 "내가 읽은 책이 곧 나의 우주다."라고 한 것처럼 아이와 책을 통해 풍성한 대답을 이끄는 질문을 사용하여 소통하면서 '생각의 우주'를 만들 수 있습니다.

연구에서는, 미국의 저소득층과 중산층 가정에서 부모가 아이와 책을 읽는 과정을 조사했을 때 부모와 아이의 상호작용 방식에 차이가 있었다고 합니다. 소득계층을 나누어 관찰한 점이 윤리적으로 아쉽기는 합니다. 하지만, 프랑스 사회학자 피에르 부르디외(Pierre Bourdieu)는 "지배 집단은 언어능력으로 그 사회의 문화적 유산을 점유하고 그 사회의 의미와 가치의 생산을 통제하게 된다."라고 했습니다. 사회경제적 계층에 따라 언어능력이 대물림된다는 거죠. 중산층 이상의 가정에서 엄마가 아이와 어떻게 상호작용하며 책을 읽는지를 알아보면, 우리가 아이와 책을 읽으며 대화 나누는 모습을 좀 더 객관적으로 볼 수 있지 않을까요?

미국 중산층 가정의 엄마는 '아이의 인지 수준에 맞추어' 책의 내용을 기반으로 다양한 상호작용을 한다고 합니다. 아이가 책 내용에 여러 번 주의 집중을 할 수 있도록 아이가 이야기하는 방향을 책과 관련된 주제로 이끌 수 있습니다.

구름이와 《No, David!》(David Shannon)를 읽었습니다. 주인공 데이비드가 수습 불가능한 얄궂은 장난을 치고, 심지어 알몸으로 뛰어가는 모습을 볼 때 함께 비명을 질렀습니다. 이때 "네가 데이비드 엄마라면 어떻게 혼냈을 것 같아?"라고 물었고, 구름이가 세숫대야를 데이비드 머리에 씌우고, 옆집에 가서 소금을 받아오게 시킨다는 대답을 해서 한참 웃었던 기억이 납니다. 그림이 재미있는 책은 대화의 소재를 무궁무진으로 만들며, 함께 읽기 감정을 공유하는 과정에서 책 읽기의 맛을 제대로 느끼게 해줍니다.

❹ 엄마가 아이의 책 읽는 과정을 섬세하게 관찰하고 반응하는가?

아이가 고사리손으로 책을 넘기고 읽는 모습을 보면, 나태주 시인의 시 〈풀꽃〉이 생각납니다. '자세히 보아야 예쁘다/ 오래 보아야 사랑스럽다/ 너도 그렇다.' 아이가 스스로 영어책을 찾아 읽는 모습을 자세히 살펴봐 주세요. 책을 읽는 모습은 어떤 각도에서 보아도 사랑스럽습니다.

저는 영어 그림책 쇼핑을 좋아하는데, 죄책감을 느끼지 않기 위해 자기합리화를 하곤 합니다.

'지금 사는 영어책은 내 아이뿐만 아니라 미래 학생들의 영어 발전을 위해서도 중요한 책이야. 그러니까 아이가 싫다고 안 읽어도 실망하지 말자.'

하지만 막상 책이 아이에게 버림당하는 모습을 보면 속상합니다. 그림도 예쁘고, 이야기도 참 좋은데 외면당하기 일쑤예요. 그럼, 아이에게 물어봅니다.

"이 책은 왜 싫을까?"

내용이 지루하다, 그림이 지저분하다 등등 대답이 각양각색입니다. 제가 이 책이 얼마나 괜찮은지 설명하려는 눈빛만 보내도 저 멀리 가버립니다. 이런 과정을 통해 아이는 나름의 책을 고르는 기준이 생깁니다.

아이의 자율성을 존중하여 스스로 책을 골라 읽도록 해주세요. 아이가 좋아하는 스타일의 책을 기억하고, 스토리가 어떻게 전개될 때 아이의 모습이 해맑았는지 떠올려 보면서 같은 작가의 책이나 줄거리가 비슷한 책을 골라봅니다. 매일 5권을 읽을 때, 3권은 구름이 영어 실력에 맞는 책 중 읽고 싶은 책, 2권은 엄마가 큐레이팅해주는 책으로 고릅니다. 제가 추천하는 책이 어떨 때는 아이의 인생 책이 되기도 하고, 어떨 때는 평생 사장되는 책이 되기도 합니다. 무엇이든 그 선택을 존중합니다. 어떨 때는 책 내용이 자기가 아는 어떤 이야기를 불러일으켜 함께 몽상에 빠지기도 합니다.

아이가 스스로 책을 처음부터 끝까지 소리를 내어 읽고 나면, 훌륭한 연주곡을 들은 것처럼 두 손으로 물개박수를 쳐 줍니다. 엄마가 영어책 읽는 모든 과정의 열렬한 지원자이며 팬이라는 걸 아이에게 보여주고 싶었거든요.

아이가 스스로 책을 골라 읽도록 자율성을 존중하고, 영어책을 읽는 과정을 지지하는 모습을 보여줄 때 문해력이 향상할 수 있습니다. 내성적인 아이라면, 아이가 읽기 싫어하는 책이 있을 때 그 책의 느낌을 그림으로 표현하듯 간접적으로 자신의 이유를 표현하게 할 수 있습니다. 섬세한 여러 방식으로 아이가 원하는 영어책의 결을 발견해 보세요. 책장을 아이가 읽고 싶은 영어책으로 채우는 비법은 '시행착오'밖에 없습니다.

이처럼 사회문화적, 정서적 관점에서도 가정이 영어 문해력을 습득하기 위한 가장 적합한 환경입니다. 또한, 아이가 자신이 가장 사랑하는 엄마와 함께 독서 문화를 만들 수 있는 유일한 공간이기도 합니다.

유·초등 시기에 아이에게 엄마는 소우주입니다. 엄마의 모든 행동을 따라 하고 싶어 하거든요. 엄마가 가정에서 영어책 별자리를 품은 우주처럼 등장하는 건 어떨까요? 자연스럽게 하늘로 시선이 가듯, 영어책에 관심을 가지게 됩니다. 아이가 가장 마음 편히 느끼는 공간인 집에서 엄마와 함께하는 일상, 그 안에서 아이의 성장을 돕는 즐거운 영어책 읽기를 추천합니다.

영어학원 가기 싫어!

"안 가면 안 돼? 영어학원이 내 스트레스의 95%야."

초등학교 1학년 때 아이는 영어학원에 안 가겠다고 했습니다. 이 시기에는 인지 교육보다 아이의 감정을 읽고 공감해 주는 게 더 중요하다는 것을 알면서도 막상 학원을 끊겠다고 결단하기가 쉽지 않았습니다. 솔직히 아이가 영어학원에 가서 배우는 시간에 잠시나마 쉬고 싶은 마음도 컸습니다.

주변 영어 교사들에게 아이 영어교육에 관해 물었더니 "우리는 고등학교 영어 전문가이고, 아이 교육은 유아 전문가에게 맡겨야 해."라고 한결같이 대답했습니다. 이름만 들어도 아는 대형학원에 아이를 보내는 교사들도 많았습니다. 유명 학원은 학원비가 비싸지 않냐고 했더니 이런 대답들이 돌아왔습니다.

"비싼 만큼 집에서 온라인 학습도 병행할 수 있고 체계적이야. 구름이도 얼른 보내. 나중에 레벨 시험 통과 못 하면 보내고 싶어도 못 보내."

"제일 유명한 영어 대형학원에 아이가 8살 때 보내려고 했었어. 근데 외국에서 살다 왔거나, 영어유치원 출신이 아니면 등록을 못 한다고 하더라고. 파닉스 조금 알고, 한 페이지에 영어 문장 한두 개 나오는 책 읽는 수준이면 그 학원 레벨 시험도 못 볼걸."

"아이를 강남의 유명한 영어유치원에 보내려고 했는데, 5살 입학 전에 알파벳 모두 알고 쓸 수 없으면 입학이 아예 불가능하대."

교사 친구들이 자녀를 유명 어학원에 보내려고 애썼던 경험을 들으며 혼란스러웠습니다. 제가 알지 못했던 영어 사교육은 돈을 내고 들어가고 싶어도 보낼 수 없는 다른 세계의 큰 성처럼 느껴졌습니다.

영어책 독서가 엄마표 영어의 치트키다

아이의 성향은 모두 다릅니다. 구름이는 자신이 통제할 수 있는 환경을 선호하는 집순이입니다. 완벽주의 성향도 있어서 다른 아이보다 못한다고 생각하면 아예 시작조차 하지 않습니다. 영어교육과 아이의 정서적 안정 모두 놓치고 싶지 않았습니다. 어쩌면 영어보다 중요한 건 아이의 마음 건강인지도 모릅니다. 학교 교실에서 자해를 하는 등 극단적으로 정서가 불안정한 아이들도 만나봤기 때문에 무엇보다 아이의 마음 밭을 잘 일구고 싶었습니다.

도서관에서 엄마표 영어책을 읽으면서 '아이 영어교육의 철학'을 다시 한번 다잡고자 했습니다. 많은 책이 공통으로 전달해주는 메시지가 있었습니다.

"영어독서가 엄마표 영어의 치트키야."

인생극장처럼 '그래! 결심했어! 영어책을 읽는 거야.'라고 다짐했습니다. 불안감을 떨치며 마음이 편해졌던 그 시간을 지금 돌아보니 참 감사합니다.

구름이는 7살 후반에 파닉스 공부를 시작했고, 8살 3월에 리더스북[1]인 ORT(Oxford Reading Tree) 1단계를 더듬더듬 읽는 정도의 수준이었습니다. 중고로 ORT 단계별 전집을 계속 사주었고, 8개월이 지난 11월쯤엔 ORT 9단계를 유창하게 읽을 수 있었습니다. 아이가 읽는 그림책들을 보면 영어독서지수 AR 0점대에서 2점 초반으로 올라왔습니다. 사실 영어유치원 나오고 대형학원을 꾸준히 보낸 구름이 또래 아이들이 지금 수능 영어 모의고사를 풀어도 3등급은 나올 만큼 실력이 뛰어난 것도 알고 있습니다. 하지만 저는 고등학교 현장에서 수많은 방식으로 영어를 배워온 아이들을 만나봤고, 수행평가를 통해 말하기, 쓰기 실력의 다양성도 직접 채점하면서 수없이 관찰했습니다. 입시지도를 하며 대학을 보낸 경험이 많다 보니, 영어교육의 큰 그림을 그릴 수 있었습니다.

제 인생의 영어 실력 그래프를 그려봐도 0도 기울기로 같은 실력에

1 '리더스북'은 아동이 읽기 연습을 할 수 있도록 체계적으로 구성한 책이다. 'Oxford Reading Tree'는 영국의 옥스퍼드 대학 출판부에서 편찬하였으며 영국 초등학교 80% 이상이 사용하는 대중적인 리더스북이다.

멈춰있지는 않았습니다. 영어는 언어이기 때문에 얼마나 노출되는가에 따라 실력이 바뀝니다. 현재 실력이 어느 수준인지보다 매일 얼마나 조금씩 상향하고 있는지가 중요합니다.

영어는 콘텐츠를 언어로 전달하는 수단이므로 실체가 없는 느낌입니다. 콘텐츠를 나르는 수레 같은 도구인 셈입니다.

'나는 이 도구가 잘 굴러가도록 영어교육 환경을 만들어 준다. 도구의 최종 완성을 유·초등 시기부터 급하게 할 필요는 없다. 어떤 굴곡진 길도 씩씩하게 나아갈 수 있도록 바퀴 못질부터 단단하게 해보자.'

이렇게 생각해보세요. 아이는 엄마의 마음을 투사합니다. 주변의 말보다 엄마 자신의 마음에 확신을 두세요. 집에서 조금씩 꾸준히 해도 아이의 영어 실력이 향상된다는 믿음을 가지세요. 엄마의 마음이 편해야 아이 교육에도 시선을 돌릴 수 있습니다.

저도 아이가 8살이 되어서야 본격적인 영어책 읽기를 시작했습니다. 이 시기보다 더 일찍 영어책을 읽어주신 분들은 저의 선배님이시고, 8살보다 늦어진 학부모님도 조급해하실 필요가 전혀 없습니다.

늘 미안한 엄마, 선생님

아이를 낳고 1년 휴직 후 생계형 복직을 했습니다. 고등학교 3학년 담임으로서 매일 반복되는 일과 육아에 지쳐 체력이 늘 고갈 상태였습니다. 구름이가 다섯 살 때 집 근처 유치원에 모두 떨어져 할 수 없이 근무하는 학교 근처 유치원에 등록했습니다.

아침 7시면 거실에 있는 TV 소리를 키우고 잠에 취해있는 아이를 흔들어 깨웠습니다. 그런 후 옷을 입히고, 얼굴에 물을 적시며 눈곱만 떼주고서는 차에 태웠습니다. 그때부터 아이의 칭얼거림이 시작되었습니다. 배고프고, 졸리고, 유치원에 가기 싫다며 보조석 의자를 발로 차며 울 때도 많았습니다.

"구름아, 미안해. 오늘은 퇴근해서 더 많이 놀아줄게."

저는 아이에게 '미안하다'는 감정 표현을 많이 했습니다. 어떻게든 빈속으로 보낼 수 없어서 끓여간 누룽지를 유치원 앞 벤치에서 먹이며, 유치원에 가고 싶지 않다는 아이를 달래기 위해 온갖 방법을 썼습니다. 아이를 업고 흔들며 달랬습니다. 새 소리가 들리면 이렇게 말했습니다.

"짹짹 새도 유치원에 가려고 준비하나 보다. 저기 구름은 어디로 움직일까? 그렇지. 유치원 가는 중이야."

세상 만물이 유치원에 가니 너도 지금 가야 한다는 얄팍한 논리를 앞세워 겨우 유치원 문 앞에 도착했습니다. 당직 선생님만 계셔서 불이 반만 켜진 유치원으로 울면서 선생님 손에 이끌려 들어가는 아이를 안타까워할 새도 없이 다시 운전해서 출근하고, 서둘러 조회하러 들어갔습니다.

학교에서는 화장실 갈 틈도 없이 수업하고 입시상담을 했습니다. 정신없던 학교 일과를 마치고, 아이를 하원시키려고 운전하러 가던 10분의 시간이 제게는 유일한 휴식이었습니다. 까다로운 직장 상사가 있는 제2의 직장으로 출근하듯 아이를 집으로 데려오면, 저녁을 차려야 해서 아이를 떼어두고 TV를 보게 했습니다. 겨우 아이에게 저녁을 먹이고, 기력 회복을 위해 잠시 누워서 쉬는 시간에 또 아이에게 TV를 보여주었습니다. 아이는 온종일 엄마를 보고 싶었을 텐데 집에 오면 TV를 보거나, 지쳐서 누워있는 엄마를 바라봐야 했습니다. 집에 와서도 학생들 입시 생각을 할 땐, '내가 시간과 에너지가 좀 더 있다면 학생들과 아이에게 더 잘해줄 텐데.'라며 늘 더 잘해주지 못하는 죄책감에 시달렸습니다.

저는 아이를 우선 먹이고 재우는 생리적 욕구를 채우기에 급급했습니다. 교육은 TV에 맡겼습니다. 부끄러운 얘기지만, 아이에게 한글을 직접 가르친 적이 없습니다. 아이가 5살부터 눈에 보이는 한글을 조금씩 읽기 시작한 건 TV의 역할이 컸습니다. 저는 우스갯소리로 "'한글이 야호'가 우리 아이를 키웠어요."라고 말합니다.

아이가 초등학교에 들어가고 육아휴직을 하기 전까지 엄마표 영어는 생각지도 못했습니다. 학교 현장에 있는 영어교육자이긴 했지만, 아이를 껴안고 한글 그림책을 읽어줄 시간도 부족한데, 아이가 싫어하는 영어책까지 읽어주기엔 마음의 여유가 없었습니다. 사실 영어책을 읽으며 아이와 실랑이할 것을 생각하면 두려웠습니다. 아이를 사랑하지만, 직장에 나가듯 의무감으로 육아를 할 때가 많았고, 이미 과로 상태인데 영어 공부라는 무거운 짐을 더 얹고 싶지 않았습니다. 그래도 아이가 잠들기 전에 한글 그림책을 읽으며 한 이불 속에서 아이와 책을 바라봤던 시간이 훗날 영어책 읽기의 바탕이 된 것 같습니다.

영어교육과 뇌 성장

"영어유치원 열 개가 생기면 소아정신과 한 개가 생긴다."

신성욱의 《조급한 부모가 아이 뇌를 망친다》에서 소아정신과 의사들이 한 말입니다. 교육시장의 상업성이 아이들의 뇌를 망가트리고 있다고 합니다. 조그마한 닫힌 공간에서 일방적으로 인지 수업을 받고, 경쟁 구도에서 살아남기 위해 발버둥 치는 아이들은 틱장애, 반항장애, ADHD의 발병률이 높다고 합니다. 스트레스는 코르티솔의 수치를 높이고, 이것은 단백질 결합에 영향을 미쳐 뇌의 기본 구조에 변형을 줍니다.

고등학교 교실에서 발생하는 폭력이나 학생들의 우울증과 자해는 그 원인을 어린 시절에 받은 스트레스에서 찾을 수 있지 않을까 생각합니다. 교직 경험이 많으신 선배 선생님들은 저에게 이런 말씀을 하셨습니다.

"신문이나 방송에 오르내리는 학교폭력이나 자살 사건 없이 조용히 교직을 마무리하고 싶어."

학교폭력 사건에 반 아이들이 연루되어 학부모와 상담할 때면, 아이가 말을 잘 듣고 온순했던 어린 시절을 그리워합니다. "그때 아이가 비뚤어지지 않게 마음을 더 살피며 얘기했더라면……" 이렇게 뒤늦은 후회를 하십니다.

'부모가 아이에게 관심이 많고, 성장환경도 괜찮았는데 무엇이 문제였을까? 무엇이 아이의 마음을 병들게 했을까?' 이런저런 생각을 할 때쯤 학부모님이 꼭 하시는 말씀이 있습니다.

"이번 학교폭력 사건이 생활기록부에 기재되지 않는 방법은 없을까요?"

이런 말씀을 들을 때는 '입시'가 아이 교육의 코어가 되어버린 현실이 차갑게 느껴집니다.

저의 아이도 어떻게 성장할지는 아직 알 수 없습니다. 열심히 노력하고 있지만, 제대로 된 방향으로 아이를 지도해서, 영어교육을 통해 아이의 뇌 성장도 견고하게 이루어지도록 하고 있을까요?

'아이가 영어를 잘해서 훗날 국제기구에서 일한다고 하면 헤어지기 싫은데…….' 이런 뜬금없는 상상을 하다가도, '갑자기 영어가 지겹고 귀찮다면서 공부하지 않겠다고 하면 어쩌지?'라는 걱정을 하기도 합니다. 이렇게 열탕과 냉탕의 낙관과 비관 사이를 왔다 갔다 하곤 합니다.

영어교육에 지친 엄마들을 위한 멘탈 케어

올해 휴직하고, 동네 엄마들과 많은 이야기를 나누었습니다. 유·초등생을 둔 엄마들에게 교육의 최대 화두는 단연코 '영어'였습니다. 저의 직업을 아는 분들은 영어교육에 관한 고민을 털어놓고 상담을 요청했습니다.

"우리 동네에서는 어떤 영어학원이 가장 괜찮은 거 같아?"

"학습 중심의 스파르타식 학원과 놀이 중심으로 수업하는 학원 중 어디가 더 효과적이야?"

"아이가 학원을 안 다니려고 하는데, 대체 학습도 딱히 없고, 집에서 챙겨주긴 힘들고 어떻게 해야 할까?"

"여태껏 영어 공부를 한 번도 안 시켰어. 파닉스 8개월 반이 있다는데 지금이라도 등록할까?"

"영어학원 다닌 지 1년이 넘었는데 회화가 잘 안 돼. 영어 회화는 어찌해야 할까?"

"영어 대형학원은 학원비가 너무 비싸서 동네 보습학원에 보낼까 하는데, 커리큘럼 차이가 크게 날까?"

유·초등생을 둔 엄마들의 모든 질문에는 '불안'이란 감정이 밑바탕에 있습니다.

'엄마가 무언가 해줘야 아이의 영어 실력이 향상된다. 완벽하게 해줘야지. 우리 아이 영어교육만큼은 절대 후회해서는 안 돼.'

이런 생각이 깔려 있습니다.

저는 유·초등생을 둔 엄마들과 얘기할 때 맞장구를 잘 쳐주는 편입니다.

"맞아요. 저도 아이 교육에 관해선 제가 잘하고 있는 건지 불안할 때가 많아요. 한편으로는 아이가 아직 어려서 다행이라고 생각하고요. 근데 왜 우리는 벌써 고민하고 있을까요?"

지금도 늦지 않았으니 천천히 조금씩 공부해 나가면 될 것 같다는 취지로 말을 하는데, 여지없이 이런 답이 돌아옵니다.

"대학입시에 성공하려면 중학교 때 수능 영어를 완성해야 한다고 하잖아. 그래서 마음이 조급해져."

엄마들의 말에는 '대학입시'란 단어가 많이 등장합니다. 사회생활에서 어느 대학 출신인지가 명함처럼 사용되는 것을 엄마들도 잘 알고 있습니다. 명문대 나온 것이 '후광'처럼 아이 인생을 비춰주어야 하는데, 영어가 걸림돌이 되어서는 안 된다고 생각하는 것입니다.

엄마들과 영어교육에 관해 이야기할 때면, '영어교육에 지친 엄마를 위한 상담소'를 차려서 멘탈을 보살펴주고 싶은 마음이 굴뚝같습니다. 만약 상담소를 차린다면, 알랭 드 보통(Alain de Betton)의 《불안》에 나오는 문장을 문 앞에 붙여둘 것 같아요.

우리는 우리의 이상 때문에 괴로워하며,
우리가 하고 있는 일의 중요성을 너무 크게 생각하기 때문에 괴로워한다.

아이의 영어교육에서 엄마의 역할과 중요성을 너무 크게 생각하면 그때부터 괴로워집니다. 대학입시를 생각하면 마음이 조급해집니다. 엄마가 영어교육에서 하는 역할을 중요하게 생각한 나머지 그 무게에 짓눌립니다.

한 엄마는 저에게 이렇게 말했습니다.

"선생님이 영어 문해력 환경을 가정에서부터 만들어 주라고 하시니, 신경 쓸 일이 더 많이 생겨서 잘할 수 있을지 불안해져요."

결국 우리가 아이에게 영어를 가르치는 이유는 영어 문해력을 키워주기 위해서입니다. 그래서 영어책을 사랑하는 아이가 되기를 바랍니다. 입시라는 결과를 생각하면 불안해지지만, 아이의 영어 문해력이 향상되는 과정을 보면 불안감이 잦아들고 평온이 찾아옵니다.

수능 영어를 알려주세요

지금부터 수능 영어에 관해 이야기해 드릴게요. 입시 영어를 생각할 때 최종 목적지인 '수능 영어'와 맞닿으면 구체적인 청사진을 그릴 수 있고, 막연한 불안감을 잠재울 수 있습니다.

우선, 일반계 고등학교는 학교생활을 기록한 '학교생활기록부'를 바탕으로 한 '수시전형'에 많이 지원합니다. '정시'는 수능 점수가 당락을 결정하니, 당연히 수능 영어 점수가 중요하지만, '수시'로 진학할 때도 수능 점수가 중요한 거냐고 질문할 수 있습니다.

수시는 크게 학생부의 전체 기록을 종합적으로 보는 '학생부 종합전형'과 교과성적을 중점으로 보는 '학생부 교과전형'으로 나눌 수 있습니다. 수시로 6개의 대학을 지원할 때, 두 전형을 섞어서 지원하는 경우가 대부분입니다.

2022년 기준으로 서울 주요 15개 대학들의 46.2%는 수시 선발 시 '수능 최저 등급'을 요구합니다. 특히 교과전형의 경우에는, 고등학교 학생 분포에 따라 내신 점수가 차이 날 수 있어서 수능 최저등급 기준을 적용하여 실질적인 실력을 변별하고자 합니다. 실제로 내신 성적이 합격선보다 매우 높아도, 수능 최저등급을 맞추지 못해 안타깝게 떨어지는 경우가 많습니다.

절대평가라면서 1%만 수능 영어 1등급?

2018년 수능부터 영어 사교육을 잠재우기 위해 '절대평가'가 시작되었습니다. 90점만 넘으면 1등급이 됩니다. 90점이라는 절대 점수를 만들고 나니, 매년 수능 1등급 비율이 10%를 넘기도 하고, 5% 안으로 들어오기도 하면서 변동이 컸습니다.

2022년 수능 영어 1등급 비율은 6.25%였습니다. 의대나 더 좋은 대학을 가기 위해 재수하는 비율이 높아지면서, 영어 문제 풀이 연습을 상대적으로 더 많이 한 재수생들이 1등급을 받는 경우가 많습니다. 올해 같은 지역 일반계 고등학교 선생님들께 여쭤보니 90점 이상 영어 1등급을 받는 수가 전교 300명 중 3명 남짓이었습니다. 지역과 학교마다 편차가 있겠지만 고작 1%만 수능 영어 1등급이었다니 숨이 탁 막히시죠? 아이가 재수한다는 건 벌써 생각하고 싶지도 않고요. 무엇이 아이들이 수능 영어 45개 문항 중 4개 이상 틀리게 만들었을까요? 보통 17개의 듣기 문항보다 28개의 읽기 문항에서 당락이 결정됩니다.

수능 영어 AR 읽기 지수가 얼마나 높기에?

'AR 지수'[1]란 미국의 '르네상스 러닝'에서 많은 도서와 학생 데이터를 분석해서 영어책 텍스트의 난이도를 수치화해서 표현한 것입니다. AR 지수 중 BL은 북 레벨로 2.3이라면 미국 2학년 3개월 학령기의 아이들이 보통 읽는 책으로, 소수점 앞 숫자가 미국 학년, 소수점 뒤 숫자가 개월 수를 말합니다.

2022년 수능 영어는 AR 지수가 10을 넘는 최초의 시험이었습니다. 상위권 학생을 변별하기 위한 킬러 문항은 AR 지수가 12, 13 후반대로 미국의 고등학생들이 보는 텍스트 수준의 난이도입니다. 실제로 수능 지문들은 미국 대학 원서에서 발췌한 경우가 많고, 조각 글이기 때문에 맥락을 충분히 알지 못한 채 지문의 정보를 종합하여 정답을 도출하기가 어렵습니다. 이런 문항들의 오답률은 70%가 넘습니다.

현재 유·초등 아이들이 수능을 볼 때면 수능 영어지문이 더욱 어려워질 것으로 예상됩니다. 중1 때부터 영어를 배웠던 우리 때와 달리 현재 초3부터 영어를 배운 고3 아이들의 영어 성취 수준은 많이 높아졌습니다. 상위권 변별을 위해서 AR 지수가 14에 가까운 문항이 나온 걸 보면, 현재 유·초등 아이들이 영어를 시작하는 시기가 더 빠르고 유창한 아이들이 많아서 미래 수능의 킬러 문항은 AR 15(미국 대학생 수준)도 거뜬히 넘을 것 같습니다.

---

1 AR은 Accelerated Reader의 앞 글자로, 책의 난이도 레벨을 나타내는 지수다. 책에 있는 어휘의 양, 난이도, 평균 문장 길이를 종합적으로 판단하여 학년 수준으로 레벨을 수치화했다.

공교육 영어 수업만 따라가면 1등급을 받을 수 있나요?

공교육 교사로서 "네!"라고 대답하고 싶지만, 1주일에 3~4시간의 학교 영어 수업만 따라가서는 수능 시험장에서 1분 30초 안에 AR 지수 12가 넘는 문항을 해결할 수 있을지 의문입니다.

서울대학교 영어교육과 이병민 교수는 중·고등 영어 교과서의 난이도를 분석한 결과, 중1 때 유치원 수준, 중3 때 미국 5학년 수준이었던 텍스트가 고3 때는 12학년 정도의 난이도로 올라서 학년을 거듭할수록 가파르게 상승하는 난이도를 표로 제시했습니다.

중·고 영어 교과서 난이도 분석

	미국 수준
중1	유치원~1학년
중2	4~5학년
중3	4~5학년
고1	6~8학년
고2	9~10학년
고3	11~12학년

자료: 이병민 서울대 영어교육과 교수

'대학수학능력시험'은 '대학에서 수학할 수 있는 적격자'를 선발하기 위한 시험입니다. 전공과목을 영어 원서로 수업할 때 막힘없이 읽기를 기대합니다. 그래서 고3 때 교과서 난이도가 미국 12학년까지 올라가게 되죠. 미국 원어민들이 6년에 걸쳐서 문해력 성장을 이루어야 할 것을 한국 환경에서 3년 안에 성취하도록 하는 것입니다. 중학교까지 영어 과목을 좋아했던 아이들이 고등학교에 와서 좌절하고 실망하며 영어를 포기하는 이유입니다.

결국, 평가로 교육과정이 결정되는 '환류 효과(Washback Effect)'로 인해 "교육은 100시간 해놓고 1,000시간의 성취도를 보여주도록 기대한다."라고 이병민 교수는 인터뷰에서 지적했습니다. 그럼, 900시간의 틈을 어디서 채워야 할까요? 바로 '학교 밖 학습'으로 이뤄져야 합니다. 학생이 스스로 다양한 난도의 영어 글을 접하고, 스스로 내용을 해석하는 인지 연습을 충분히 하며 '읽기 전략'을 스스로 체득하지 않으면 안 됩니다. 고등학교 때에는 문제 풀이 연습을 위해 설명문 형식의 짤막한 글을 많이 읽을 수밖에 없습니다. 아이가 어린 시기에 좋아하는 영어책을 많이 탐독하도록 이끌어 주고, 학교 밖에서 읽기를 자발적으로 할 수 있는 동기를 심어주세요.

최근 많은 책과 연구에서는 한결같이 '다독'이 학교 밖 최고의 영어학습임을 강조합니다. 다독은 아이가 외국어를 배울 때 자신의 언어능력보다 쉬운 자료를 많이 읽어 '읽기 능력'과 '즐거움'을 동시에 향상하는 방법입니다. 최근 유·초등 영어 사교육 방향도 '영어도서관'과 같이 아이들에게 다양한 원서를 읽을 수 있는 환경을 제공하는 쪽으로 바뀌고 있습니다.

책을 읽는 행동은 조용하지만 스스로 정보를 추출해서 종합하는 '고도의 정신활동'입니다. 우리 아이가 영어로 쓰인 책을 유창하게 읽으려면 어떻게 해야 할까요?

'언어 지식의 문지방 가설(Linguistic Threshold Hypothesis)'이 있습니다. 우리가 집에 있을 때 거실에서 다른 방으로 가려면 문지방을 넘어야 하듯이, 모국어 읽기 능력이 외국어로 넘어가려면 반드시 넘어야 할 문턱인 임계점이 있습니다. 이를 넘는 순간 영어 실력이 눈에 띄게 향상됩니다.

제가 아이와 영어책을 읽으면서 깨달은 '문지방 시기'가 있습니다. '보자마자 인식'할 수 있는 '사이트 워드'인 고빈도 기본 단어 220개를 습득한 1단계, 사이트 워드 1,000개 단어를 획득하여 영어 텍스트를 90% 해석할 수 있는 2단계가 있습니다. 이렇게 단어 습득과 함께 실력이 도약하기 때문에, '다독'을 위해 어휘를 익히는 과정이 참 중요해요.

아이가 영어책을 유창하게 읽기 위한 과정을 집 짓는 것에 비유해 볼까요? 건축의 기초는 땅파기와 땅 다지기인 것처럼 먼저 차고 넘칠 만큼 충분한 인풋을 주어야 합니다. 영어로 더욱 크고 단단한 언어의 집을 쌓고 싶다면 기초작업이 탄탄해야 합니다.

다독을 통한 영어 문해력의 체계적인 습득 방법

미국에서는 아이들의 읽기 능력 향상을 위해 '국립 읽기위원회(National Reading Panel)'를 설립하고, 10만 건이 넘는 자료들을 분석하여 최상의 읽기 지도 방법을 제시했습니다. 특히 4학년은 '읽기 위해 배우는 단계(Learning to read)'에서 '배우기 위해 읽는 단계(Reading to learn)'로 넘어가는 시기입니다. 4학년 이전까지는 읽기 유창성 향상에 방점을 둡니다. 미국 캘리포니아주는 4학년 학생들의 읽기 능력을 평가해서 미래에 필요한 '감옥의 침상 수'를 가늠한다고 합니다.[1] 이를 통해 두 가지를 추론할 수 있습니다.

첫째, 읽기는 인간의 전인적인 발달을 위해서 반드시 갖추어야 할 능력입니다.

1 Voice of San Diego News, Fourth Grade Failures= Prison Beds?, 2008.04.02.

둘째, 4학년 때까지 유창하게 읽는 능력을 키우지 않으면, 향후 잘 읽게 될 가능성이 적을 수 있습니다.

왜 영어책을 읽어야 하는가?

❶ 아이의 생각과 정서가 풍부해지는 의미 중심의 언어 습득 방법입니다.

읽기는 개인의 생각, 감정, 정서를 인간 발달의 최우선으로 두는 인본주의적 관점에 가장 적합한 언어 습득 방법입니다. 외부에서 강압적으로 시켜서 언어를 배우는 것이 아니라 스스로 책을 찾고 읽으면서 배움의 과정을 아이가 스스로 이끌어갑니다. 많은 영어 문장들을 마주하면서 그 속에서 의미를 형성하며, 읽기 과정의 즐거움을 느끼는 경험은 여행할 때의 기쁨처럼 생경하면서도 울림이 있어서 평생 영어책을 가까이하는 동기가 됩니다.

스티븐 크라센(Steven Krashen)은 '제2언어 습득이론'의 권위자입니다. 그는 '학습자가 이해 가능한 입력자료'를 제공하는 것이 언어 습득의 유일한 조건이라고 강조했습니다. 한국에 방문했을 때 400권의 영어책을 읽은 한국 아이와 유창하게 대화했던 경험을 이야기하며, 영어마을보다 영어도서관을 짓는 것이 더 바람직하다고 했습니다. 영어 그림책을 읽다 보면 그림의 흐름을 통해 이야기의 순서를 예측하고, 시각화하여 내용을 정리하며 독해 전략도 향상할 수 있습니다.

'시각적 문해력(Visual Literacy)'이라는 말이 있습니다. 글만 읽고 쓰는 것이 아니라 시각적인 이미지도 읽어내서 의미를 구성할 수 있는 능력이 중요한 시대에 살고 있습니다. 아이는 영어 그림책을 읽으면서, 부족한 언어 지식을 그림의 이미지를 통해 자연스럽게 보충합니다. 이미지 형태의 정보를 책 속에서 의미에 맞게 찾고, 해석하면서 그림을 글처럼 해석하는 '시각적 문해력'을 그림책 읽기를 통해 성장시킬 수 있습니다. 시각 자료가 학생의 호기심을 불러일으키는데 효과적인 것처럼, 그림책의 그림은 아이의 생각과 정서를 풍부하게 하는 '시각적 문해력'의 향상을 돕습니다.

아이들이 이해하기 쉽고 흥미로운 책을 읽는다면, 획일화된 방법이 아니라 개인의 독특한 잠재력과 가치를 존중하는 방법으로 영어를 습득할 수 있습니다. 고유성을 존중하는 최선의 영어교육 환경을 제공하는 것입니다.

❷ 영어책은 뇌 발달과정에 알맞은 언어 자극을 제공합니다.

읽기는 순전히 뇌에서 일어나는 과정입니다. 읽기를 할 때 시각적인 단어 인식, 소리 인식, 의미 파악, 읽기 전략 사용 등의 역할을 뇌가 담당하는 부분이 다르다고 합니다. 책을 읽으면서 이러한 상호작용이 더욱 빠른 속도로 이루어지는 것을 경험한다고 해요.[2] 책을 다 읽고 덮었을 때 그 책은 어떤 방식으로든 아이에게 흔적을 남깁니다. 또한 아이가 정

2 매리언 울프, 이희수 역, 《책 읽는 뇌》, 살림, 2009.

보를 어떤 방식으로 접했는지에 따라 뇌의 활성도가 다릅니다.

《EBS 당신의 문해력》에서는 오디오북을 들을 때, 동영상을 볼 때, 줄글을 읽을 때의 뇌의 활성도를 비교해서 보여주었습니다. 두뇌가 빨간색으로 가장 많이 활성화되었을 때는 바로 줄글을 읽었을 때였습니다. 줄글을 읽을 때 의미를 파악하고 이해하는 고차원적인 사고 과정이 수반되기 때문에 능동적으로 뇌가 활성화됩니다.

만 3~5세는 종합적인 사고 능력 및 인성을 관장하는 전두엽의 발달이 빠르게 이루어지는 시기입니다.[3] 이 시기는 영어책을 읽을 때 아이의 오감을 사용하여 영어를 풍족하게 경험하는 것이 중요합니다. 영어를 많이 들려주고 읽어주어서 시각·청각적인 언어 경험을 많이 하게 해주면, 축적된 언어 경험이 마중물이 됩니다.

물을 펌프질 할 때, 한 바가지를 부으면 땅속 깊은 지하수를 길어 올릴 수 있는 것처럼 충분히 듣고 보았던 언어들이 사라지는 것이 아니라 읽기 과정에서 눈에 익은 영어를 다시 만날 때 전두엽을 활성화하여 언어발달을 촉진합니다.

신경약리학의 권위자인 서유헌 박사는 재미있는 이야기를 들을 때 양쪽 뇌가 더 활발하게 움직인다고 합니다. '감정의 뇌'가 열려야 '지식과 이성의 뇌'로 가는 회로가 활발해져서 전체 뇌 부위가 활발해지고 기억도 더 잘되기 때문입니다.[4] 영어로 흥미롭고 재미있는 콘텐츠를 접하

---

3 여성가족부, 부모가 알아둬야 하는 내 자녀의 신체적 발달, 2016.02.15.

4 서유헌, 《엄마표 뇌교육》, 생각의나무, 2010.

게 해주면 '감정의 뇌'부터 즐겁게 만족시켜서, '이성의 뇌'까지 자극해 더 공부하고 싶은 동기를 유발하고 사고 과정을 활성화합니다. 뇌는 근육과 같습니다. 자극과 경험이 지속해서 주어지면 더 크게 발달합니다.

제2언어를 구사하는 사람의 대뇌 회백질 밀도가 높다고 합니다. 영어를 읽고 흥미를 느끼기 시작하는 시점이 어릴수록, 언어사용을 관장하는 뇌의 부분을 더 단단하게 발달시킬 수 있습니다. 영어 내용을 더욱 효과적으로 흡수할 수 있는 능력을 기르게 됩니다. 언어 습득을 최대화하기 위해 뇌의 발달상 적기를 놓치지 마세요.

❸ EFL 환경을 극복할 수 있는 최상의 방법입니다.

한국은 영어가 '외국어'인 EFL[5] 환경입니다. 영어가 '제2언어'인 인도, 싱가포르와 달리 영어를 일상에서 자연스럽게 접할 수 없습니다. 'Money talks.'라는 말처럼 돈의 힘이 가장 많이 작용하는 과목이 영어입니다. 돈을 내야만 영어를 배울 수 있어서 빈부격차만큼 영어 실력의 격차가 생깁니다. 언어의 유창성은 노출 정도에 비례할 수밖에 없습니다. 한 기사에 따르면, 학부모의 72%가 자신의 형편없는 영어 실력을 대물림하지 않고 싶다고 이야기했습니다. 사교육 시장의 규모가 커질 수밖에 없는 이유입니다.[6]

학교 수업만으로는 고등학교 학년마다 급하게 어려워지는 난이도

5 EFL은 'English as a Foreign Language(외국어인 영어)'를 가리킨다. 즉, 영어는 외국어 교육을 통해서 습득해야 한다. 반면, ESL은 'English as a Second Language(제2언어인 영어)'로 영어를 모국어와 공용어로 일상생활에서 제2언어로 사용하는 환경을 말한다.

6 KBS 뉴스, 자녀에게 대물림하고 싶지 않은 스펙 '영어실력', 2015.01.21.

를 따라잡을 수 없으니, 사교육 시장이 잘 형성된 학군지로 이사를 하기도 합니다. 수능 영어의 어려운 문제를 인지적 과부하 없이 풀기 위해서 '학교 밖 영어학습'을 선택하는 거예요.

1966년 콜맨 팀이 미국 대통령과 국회에 보고했던 '콜맨 보고서'에 따르면, 아이들의 학업성취에 영향을 미치는 결정적인 요소는 학교가 아니라 가정환경이라고 합니다. 학교에서 똑같이 수업을 받아도 수행 결과물에 차이가 나는 이유는 무엇일까요? 그동안 가정에서 쌓아왔던 학습 배경이 다르기 때문입니다.

아이 주변을 보아도 부모가 가지는 영어교육 철학에 따라 아이의 영어 노출도 차이가 극명합니다. 초등학교 졸업까지 수능 영어를 모두 끝내겠다는 관점을 가진 부모도 있고, 10년 후면 AI 번역기의 성능이 좋아질 거란 가정하에 영어보다는 한국어책 읽기에 초점을 맞추는 가정도 있습니다. 국가의 교육과정을 존중하여 선행학습 없이 초등학교 3학년 때부터 영어를 시키겠다는 견해도 있고요.

EFL 상황에서 가정환경에 따른 영어교육의 편차를 줄일 수 있는 가장 현실적인 방법은 바로 영어책 읽기입니다. 유아 및 초등 저학년 시기에 읽기를 좋아하지 않는 아이는 없습니다. 단지 자신에게 맞는 책을 발견하지 못했을 뿐입니다. 영어도 똑같습니다. 사람의 마음을 훅 끄는 도입부를 영어에서도 갈고리처럼 끌어당긴다고 하여 '훅(hook)'이라고 하는데요. 아직 언어에 대한 편견이 생기지 않는 시기에 영어란 언어로 쓰인 책에 훅 꽂히는 경험을 하게 해주세요.

❹ 영어책 읽기는 효과적인 어휘 학습입니다.

"선생님, 어떻게 하면 영어 단어를 효율적으로 외울 수 있을까요?"

학생과 상담할 때 가장 많이 들었던 질문입니다. 아침 자습 시간에 깜지를 쓰듯 '영어 단어-뜻'을 수십, 수백 개를 빼곡히 적으며 기계적으로 외우는 학생들을 많이 보았습니다. 특히 고3 때 매일 50개 정도 외워야 할 단어 목록을 만든 후 강박적으로 외우는 모습을 흔히 볼 수 있습니다. 공부 상황을 물으면 딱히 잘 외워지진 않지만 계속 적어 내려가면 그래도 뭔가 공부하고 있다는 생각에 마음의 안식을 찾을 수 있다고 해요.

저는 이 아이들에게 수업에서 읽은 내용을 바탕으로 '어휘 스키마'를 만들어 보라고 합니다.

예를 들어, '동물 멸종'에 관한 영어지문을 읽었습니다. 그럼 '원인과 결과'란 글의 구조로 읽었겠지요. 종이를 꺼내 영어 단어로 마인드맵을 만들어 봅니다. 'Endangered Animals(멸종위기의 동물들)'이라고 가운데에 적고, 그 원인에 해당하는 기후변화, 사냥, 벌목, 서식지 감소, 환경오염 등의 단어를 생각나는 대로 방사선 형태로 줄을 뻗으며 영어 단어로 적습니다. 맥락과 내용을 떠올리며 단어들을 엮어야지, 맥락 없이 달달 외운 단어는 모두 흩어집니다.

조승연의 《그물망 공부법》을 읽으면서 실을 밧줄로 엮어가는 과정이 영어어휘를 학습하는 과정과 같다는 생각이 들었습니다. 맥락 없이 흩어진 단어는 얇은 '실'처럼 '후'하는 작은 입김에도 날아갈 수 있지만, 책의 내용을 기반으로 겹겹이 쌓으면 '밧줄'이 되고, 읽기를 심화해 가며 큰 주제 아래로 촘촘하게 엮으면 '그물'이 됩니다. 촘촘하고 튼튼한 그물처럼 어휘 스키마가 형성되면 크고 무거운 물고기와 같은 어려운 영어 지문도 읽어 올리는 힘이 생깁니다.

영어책을 읽으며 어휘 학습을 하면 영어 단어가 어떤 맥락에서 쓰이는지 자연스럽게 알 수 있습니다. 구름이는 적어도 4~5번 이상 같은 단어에 노출되었을 때 더듬지 않으면서 읽고, 뜻을 대략 알 수 있었습니다. 한글에 상응되는 뜻을 바로 정확하게 말하지는 못해도 대략적인 뜻을 알고 있는 거예요.

또한, 읽기를 하면서 '연어(Collocation)'도 쉽게 익힐 수 있습니다. '연어'란 특정한 뜻을 나타내기 위해 여러 단어를 함께 사용하는 것을 말합니다. 예를 들어 '목욕한다'를 'do a bath'가 아닌 'take a bath'로 표현하는 것을 '연어' 또는 '뭉칫말'이라고 합니다. 연어를 알면 의사소통을 더욱 명확하고 유창하게 할 수 있습니다. 다독을 하면 의미 중심으로 읽다 보니 개별 단어보다는 여러 단어가 결합하며 나타내는 의미에 초점을 맞추게 됩니다. 읽기 과정에서 자연스럽게 '연어 사용의 예시'를 폭넓게 익히고, 직접 사용하면서 의사소통의 유창성을 향상할 수 있습니다.

어떤 분야의 전문가와 초보자를 나누는 기준은 그간 쌓아온 배경지식입니다. 영어 읽기를 하며 많은 어휘의 배경지식이 생기면 어휘의 폭과 깊이가 확장됩니다. 코로나19의 영향으로 오프라인 수업의 결손이 생기면서 가정에서 어휘 스키마를 쌓지 않은 경우에 영어어휘 격차가 더욱 심화하였습니다.

아이들이 책을 읽으며 의미를 어떻게 파악했을까요? 바로 어휘를 종합하여 알아냈겠지요. 이 어휘들이 하나의 주제로 의미망에 걸리게 됩니다. 많은 읽기 훈련을 하면 어휘가 만든 의미망을 '심상 어휘사전(Mental lexicon)'[7]에 만들어 둘 수 있어요. 어휘를 보면 바로 뜻이 튀어나오는 자동화 과정이 생기는 거죠.

크라센(Krashen, 1989)은 어휘력 발달에 가장 큰 도움이 되는 것이 다독 활동이라고 했습니다. 의도하지 않아도 책을 읽으며 자연스럽게 배우는 '우연적인 어휘 학습'에 긍정적인 영향을 미치거든요.

어휘 학습 분야의 저명한 교수 폴 네이션(Paul Nation)은 "어휘 학습은 '모 아니면 도(all or nothing)'가 아니다."라고 주장하며, "기존에 가지고 있는 어휘 지식에 한 단어를 추가하거나 강화하는 점진적인 과정"이라고 말합니다. 영어책 읽기가 루틴이 되면 영어 단어를 쌓아가는 점진적인 과정을 지속화하는 의미 있는 시간이 됩니다.

---

7 '심상 어휘사전(Mental lexicon)'에서 'lexicon'은 단어의 발음, 의미, 다른 단어와의 관계 등 단어에 관한 정보가 저장되어 있는 곳으로 '어휘의 저장고'라고도 불리며, 여기서는 '어휘사전'으로 번역했다.

❺ 읽기는 '보편적 학습 설계입니다.

"바닥에서 현관으로 올라갈 때 계단과 경사로 중 무엇이 더 대중적인 디자인일까요?"

경사로, 저상버스, 꺾인 빨대는 다양한 사용자를 포괄하는 대표적인 '유니버설 디자인'입니다. 성별이나 나이, 장애, 언어 등으로 인해 이용에 제약을 받지 않도록 디자인된 것이 특징입니다.

아래 그림을 보세요. 어떤 그림이 교실에서 학생이 영어 수업을 듣는 모습 같은가요? 또 어떤 그림이 집에서 영어책을 읽는 영어교육법을 통해 영어 문해력을 갖추도록 하는 것 같으신가요?

전통적 교수학습 / 개별맞춤형 교수학습 / 보편적 학습 설계

획일화된 지도 (전통 교수학습법)	학생의 필요에 따른 공평한 지원 (개별맞춤형 교수학습법)	다양한 학습자가 접근 가능한 유연한 교수학습법 (보편적 학습 설계)

그림 출처: Office of Information Technology

자신의 아이가 가장 키가 큰 아이이기를 바라지만, 사실 가장 느리게 성장하는 아이일 수 있습니다. 학교 교실은 첫 번째, 두 번째 형태의 교수학습만 가능합니다. '교육과정'과 '평가'라는 울타리가 있어서 제공하는 수업의 수준을 낮출 수 없습니다. 첫 번째 사진이 한국 영어 수업의 가장 흔한 모습입니다. 영어 수준이 낮아서 앞이 보이지 않는 것처럼 까마득하게 수업을 듣는 학생들은 경기를 하나도 볼 수 없는 학생처럼 눈을 뜨고 있어도 상황을 파악할 수 없습니다. 학생의 수준에 맞추어 다르게 수업자료를 제공한다고 하면 두 번째 상황이겠지만, 30명이 넘는 한 교실에서 아이의 개별 수준에 맞추어 수업자료를 배분하기도 쉽지 않은 일입니다.

가정에서 영어 문해력 환경을 마련해 주는 것이 어떻게 모든 아이에게 적용 가능한 '보편적 학습 설계(UDL, Universal Design for Learning)'를 한다고 할 수 있을까요?

집에서는 오로지 아이에게만 맞춰서 제공할 수 있기 때문입니다. 평가도 없고 비교할 대상도 없습니다. 아이가 원하는 시간과 공간에서 그리고 아이의 가장 최적의 학습법을 고려해서 제공할 수 있습니다.

가드너의 다중지능은 인간의 지능을 언어, 음악, 논리수학, 공간, 신체 운동, 인간 친화, 자기성찰, 자연 친화 지능으로 크게 나눕니다. 제 딸 구름이는 음악이나 신체 운동 지능에서 강점을 보이기에 뮤지컬이나 노래로 영어를 들려주거나, 책을 읽고 이야기를 몸으로 표현해 보라고 합니다. 칼싸움, 영웅 놀이, 씨름 등의 몸 놀이를 하자고 할 때면, "그래, 내가 기꺼이 악당이 되어줄 테니 영웅이 되기 위해 영어책을 읽자."

라고 할 때도 있어요.

아이들은 저마다 타고난 기질과 성향, 탁월한 능력이 다릅니다. 이를 엄마가 가장 잘 알고 있고요. 아이의 성장 속도가 어떠하든 그에 맞는 영어독서 환경을 마련할 수 있습니다. 엄마는 아이의 영어책 그물망을 넓게 내려서 아이와 책 사이의 관계를 맺어줘야 합니다.

이어령 박사는 '관심'을 가지면 '관찰'하게 되고 관찰을 하면 '관계'가 생긴다고 했습니다. 아이의 현재 영어 발달 수준에 관심을 가지고, 어떤 책을 좋아하는지 '관찰'하여, 아이가 영어와 '관계'를 맺도록 해주는 영어책 읽기는 어떤 상황에도 적용 가능한 '보편적 학습 설계'입니다.

❻ 긍정적인 그림책의 세계로 초대합니다.

아이들은 영어 그림책을 읽으면서 감정이입을 하거나, 등장인물의 입장에서 상상하면서 유대감을 느낄 수 있어요. 다채로운 감정의 항아리에 들어갔다 나오는 경험을 하는 거지요. 시각을 자극하는 영상에 둘러싸인 미디어 시대에 어린 시기에 직접 종이책을 읽은 경험은 잊을 수 없는 소중한 추억이 됩니다.

아이가 유튜브의 세계에 빠지기 전에 그림책의 세계로 매일 초대해 주세요. 유튜브를 열면 알고리즘이 소개하는 수없이 많은 자극적인 영상들이 있습니다. 초등학교에 가면 아이들이 유튜브 영상에서 본 것들을 스스럼없이 이야기 나눈다고 하지요. 공격적이고 자극적인 영상물은 뇌를 수동적인 상태로 세팅해두고, 현란한 그래픽에 눈만 열어 둡니다. 아이가 영상에 젖었을 때의 시간은 되돌릴 수 없습니다. 그림도 단순하고, 일상의 사소한 일에도 감정선이 다양하게 등장하는 영어 그림책이 시시해질 수 있습니다. 책도 지루한데 영어로 읽어야 한다면, 읽기 전부터 인지 과부하에 걸린 듯 두려워합니다.

아이에게 '콘텐츠가 주는 영향'을 보여주는 실험이 있었습니다.

실제 5살 아이를 모델링한 두 개의 AI에 인간의 기본 언어를 학습시키고, 첫 번째 AI에는 '나이에 맞는 양질의 콘텐츠'를 제공했고, 두 번째 AI는 '유튜브에 있는 콘텐츠'를 무분별하게 8주간 계속 시청하게 했습니다.[8]

"가람이는 엄마 사랑하니?"라는 질문에 첫 번째 AI는 "나는 엄마를 너무 사랑해요."라고 대답했지만, 동영상에 제한 없이 노출됐던 두 번째 AI는 "저한테 사랑을 강요하지 마세요." 등의 냉소적인 답변을 했습니다. 무작위 영상에 노출되었던 AI는 인터넷 기사 댓글에서 보이는 공격적인 반응을 전반적으로 보였습니다. 말투를 통해 성격이 까칠해지고 부정적으로 바뀌었음을 볼 수 있었어요.

이 실험을 통해 아이들이 접하는 콘텐츠가 인격 형성에 얼마나 큰 영향을 미치는지 알 수 있습니다. 아이의 전인적인 발전을 위해서는 어떤 콘텐츠를 접하는지가 중요합니다.

영어 신조어에 'binge read'라는 표현이 있습니다. 'binge'는 '폭

8 중앙일보, "사랑해?" 묻자 "X짜증"…8주간 유튜브만 본 AI, 무례해졌다, 2021.11.30.

식, 폭음'이라는 뜻인데 여기에 'watch'를 붙이면 '몰아서 보다'란 뜻이 되고, 'read'를 붙이면 '폭식하듯 앉은 자리에서 준비한 책을 다 읽다.'란 뜻이 됩니다. 성인이 되어서도 좋아하는 책들을 쌓아두고, 'binge read'를 할 수 있다면 얼마나 좋을까요? 아이가 자극적인 영상에 노출되기 전, 그림책과 생생한 교감을 해야 하는 이유입니다. 많이 읽어봐야 더 많이 읽고 싶은 동기가 생겨서 평생 독서가가 될 확률이 높아지는 거죠. 영어책을 읽으면 '언어 감수성' 또한 덤으로 얻을 수 있습니다. 아이들에게 해가 없고 긍정적인 내용의 바다인 영어 그림책의 세계로 아이들을 매일 초대해주세요.

읽기는 과학이다

루이자 모츠(Louisa Moats) 박사는 아동의 읽기 방법을 연구하고, "읽기는 로켓 과학이다."라는 인상적인 말을 남겼습니다. 이 말을 듣자마자 영어책을 읽을 때 마주하는 영어 철자들이 마치 '로켓'처럼 뜨거운 가스를 뒤로 내뿜으며 머릿속을 향해 떠오르는 듯했습니다. 로켓이 이륙하기 위해서는 고도의 기술과 보이지 않는 복잡한 작업이 필요하듯, 읽기 과정도 글자에서 머릿속으로 정확하게 메시지를 보내기 위해서는 복잡한 인지적 절차가 필요합니다.

가끔 교실에서 아이들이 교과서 내용을 얼마나 이해했는지 뇌 속을 보고 싶다는 엉뚱한 상상을 할 때가 있습니다. 뇌 속에서 의미 형성이 얼마나 능동적으로 일어나는지 살펴보고 싶지만, 평가로만 아이들의 영어 실력을 가늠해 볼 수밖에 없는 현실이 씁쓸하다고 느낄 때가 있습니다. 하지만, 읽기가 로켓 '과학'이라면, 로켓이 발사할 수 있는 필요조

건만 충족하면 반드시 성공할 수 있다는 확신을 줍니다.

영어의 문지방을 넘으려면?

앞에서 '언어 지식의 문지방 가설(Linguistic Threshold Hypothesis)'에 관해 잠깐 살펴보았습니다. 우리가 집에 있을 때, 거실에서 다른 방으로 가려면 문지방을 넘어야 하듯이 모국어 읽기 능력이 외국어로 넘어가려면 반드시 넘어야 할 문턱인 '임계치'가 있다는 거예요. 이를 넘는 순간 영어 실력 향상이 눈에 띄게 드러납니다.

아래 도표 '읽기 유창성에 이르는 단계'에 따르면, 책의 정보를 처리하는 '인지적 기술(Cognitive Skills)'의 기반이 단단해야 읽기 피라미드의 최상위인 '메타인지를 활용한 읽기'의 유창성에 도달할 수 있습니다.

영어 유창성에 이르는 단계

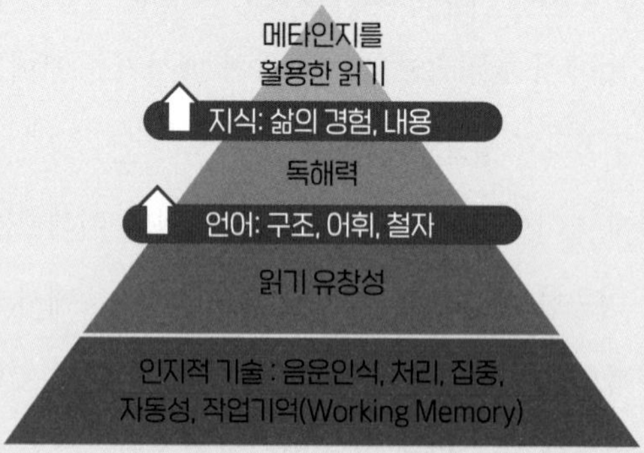

그림 출처 : https://www.gemmlearning.com/can-help/reading/skills/

영어 철자를 단지 몇 번 보고 '음운 인식, 처리, 주목, 자동성, 단기 기억'이란 인지 기술을 자동으로 갖출 수는 없습니다. 언어학자들은 제2외국어 습득의 첫 단계는 아이가 '침묵 속에 언어를 수용하는 과정'이라고 합니다. 이때 최대한 시간을 활용해서 시각·청각적 영어 자극을 입력해 주어야 합니다. 아이들은 영어어휘를 배우면서 소리와 단어를 나름의 방식으로 모으기 시작합니다. 조용히 언어를 받아들이는 시간이 있는 거죠.

16년간 '영어 뇌'를 연구한 고려대학교 심리학과 남기춘 교수는 한국인은 '읽기 뇌'는 있는데 '듣기 뇌'는 없다고 했습니다. 눈에 보이는 철자들을 소리 내어 읽을 수 있는 능력은 과도하게 발달했지만, 듣기와 말하기를 활성화하는 뇌의 부분은 활성화되지 않았다는 거죠.[1]

지금 엄마표 영어를 하는 엄마들 세대에서 영어 공교육이 성공하지 못했던 이유는 충분한 영어 소리의 입력(Input) 없이 알파벳과 파닉스를 배우며 시작했기 때문입니다. 아이들이 영어 파닉스를 어려워하는 것은 소리를 먼저 떠올리고, 철자를 보며 연결하는 게 아니라 철자를 보면서 소리를 익히기 때문입니다. 텍스트의 문자를 해독해 올라가는 상향식 방법부터 배웠기 때문에, 보이지 않는 음성 언어를 머릿속에서 먼저 처리하는 과정이 익숙지 않습니다. 늘 보고 읽었는데, 보이지 않고 들리기만 하면 어색해서 집중이 안 되고, 의미 처리가 잘 안 되는 거죠.

1 조선일보, "한국인, 읽기 뇌만 있고 듣기 뇌는 없다", 2013.11.29.

소리와 의미가 먼저 떠오르면 머릿속 여러 곳이 자극되면서 연상이 됩니다. 이 과정은 배움의 기쁨을 줍니다. 하지만 알파벳 뭉치들을 먼저 보며 철자와 의미를 맥락 없이 배우는 과정이 영어학습의 첫 단추라면 다시는 보고 싶지 않은 사람처럼 비호감의 첫인상을 줍니다. 의사소통 목적의 기본적인 영어 구사에 필요한 영어 노출의 임계량이 4,000시간이라고 합니다. 장시간 노출이 필요하니, 영상은 되도록 영어로 보여주는 습관을 갖도록 해주는 게 좋습니다.

읽기 유창성 1단계를 위한 파닉스 학습은 어떻게 시작할까?

공갈 젖꼭지를 빠는 횟수로, 신생아가 모국어와 외국어를 어떻게 구별하는지 관찰한 연구가 있습니다. 신생아는 잘 모르는 언어를 들을 때보다 모국어에 더 빨리, 더 많이 젖꼭지를 빠는 모습을 보였습니다.[2] 사람이 태어날 때부터 많은 소리 중에서 인간의 언어를 선별할 수 있는 음성적 능력을 갖추고 태어난다는 걸 입증해줍니다. 언어와 아닌 것을 구별해가며 거르는 시기에 영어도 모국어와 같이 '언어'로 범주화되기 위해서 많이 들려주어야 한다는 걸 보여주는 실험이기도 합니다.

언어를 체화[3]하기 위해서는 음운을 인식할 수 있는 능력이 첫 단계입

2 로버타 미치닉 골린코프, 캐시 허시-파섹, 문채원 역, 《아이는 어떻게 말을 배울까》, 교양인, 2010.

3 영어교육 이론에서는 '언어 입력(input)'에서 학습자가 알아차리고, 내재화한 것이 '체화(Intake)'되고, 결국 '출력(Output)'으로 표현할 수 있다고 한다. 'Input(입력) → Intake(체화) → Output(출력)'의 순서로 언어 습득이 이루어진다.

니다. 철자와 소리의 관계를 인지하지 못하면 읽는 과정이 진행되지 않습니다. 우리가 한글책을 읽을 때, 속으로 글자를 읽으며 내용을 파악하는 것처럼, 영어도 철자에 소리를 매칭시킬 수 있어야 합니다. 그래서 '파닉스' 교육이 선행되어야 한다는 이야기를 많이 듣습니다. 하지만, 영어를 모국어로 하는 아이들은 읽기 능력이 심하게 뒤처진 경우가 아니라면 파닉스 규칙을 배우지 않습니다. 한국에서도 5살부터 영어 동요, 흘려듣기 등으로 영어를 그간 많이 접한 경우라면 아이들에게 파닉스를 오랜 시간 가르칠 필요가 없습니다.

이웃 엄마는 아이가 7살인데, 영어학원을 보내야 하는 건지 걱정하고 있었습니다.

"언니, 학원에 보내려고 동네 여러 곳에 상담을 받아봤어요. 8개월 파닉스 과정 중 첫 두 달은 무료라고 해서 혹하긴 하는데, 보내도 괜찮을까요?"

"파닉스를 월, 수, 금 1시간 20분씩 8개월이나 배운다고요?"

저의 첫 반응은 놀라움이었습니다. 7살이면 즐겁게 영어를 듣고, 쉬운 영어 그림책을 보면서 스토리를 엮어가며 즐겁게 배워야 합니다. 그런데 소리와 철자를 연결하는 방법을 배우는 '파닉스(Phonics)'를 8개월이나 배우는 건 아니다 싶어서 정말 말리고 싶었어요. 아이가 수학 공식 외우듯 파닉스 규칙을 외우다가 흥미를 잃고 영어에 질릴 것 같았거든요.

그럼, 파닉스를 배워야 할까요, 배우지 말아야 할까요?

'읽기 전쟁(The Reading War)'이란 말을 들어보셨나요? 이것은 파닉스가 기폭제가 된 논쟁입니다. 지금도 그 논란은 끝나지 않았습니다. 미국에서도 '파닉스'는 '뜨거운 감자(Hot Potato)'인 거죠. 저는 아이가 한글을 어떻게 익히는지 관찰하면서 영어 파닉스 교육에 관한 입장을 정립했습니다.

구름이는 태어나면서부터 한글을 충분히 들었기 때문에 소리를 한글의 자음과 모음으로 연결하는 방법을 〈EBS 한글의 야호〉 프로그램을 통해 반복적으로 익혔어요. 글자를 더듬더듬 읽을 때쯤, 간판이나 안내문 등 환경에서 만나는 한글을 스스로 읽으려고 노력하면서 한글 실력이 크게 향상하는 모습을 보았습니다.

미국에서는 문해력(Literacy)이 '건강'만큼 삶을 살아가는 필수능력으로 보아서, 문해력의 5개 필수영양소로 '음소인식, 파닉스, 유창성, 어휘력, 이해력'을 언급했습니다. '음소인식, 파닉스'가 필수영양소인 만큼, '소리와 알파벳 문자'를 연결하는 '음운 인식'은 유창한 읽기를 완성하기 위한 기반이 되는 첫 단추입니다.

철자를 보고 소리로 연결하는 방법을 배우는 과정이 '음운 인식'입니다. 단어를 해독하기 위해서는 소리 내어 읽을 수 있어야 하잖아요. 그래서 그 과정인 '파닉스'를 배워야 읽을 수 있습니다. 하지만 아이들이 파닉스 공부를 힘들어하는 이유가 무엇일까요?

국어와 달리 영어는 철자와 소리의 관계가 정말 복잡하기 때문입니다. 영어에 프랑스나 라틴어에서 차용된 단어가 60% 이상이나 되어서 영어 파닉스 규칙이 적용되지 않는 경우가 많은 거죠. 실제로 아이가

enough, ought, chef, chemical과 같은 단어를 처음 봤을 때 gh와 ch의 음가를 바로 정확히 읽을 수 있는 확률은 거의 없습니다. 하지만, 파닉스를 배우면서 소리 내는 방법을 배우기 이전, 책에서 여러 번 만나서 머릿속 영어 소리 상자에 가지고 있는 단어라는 걸 알게 되면 규칙에서 벗어난 음가도 쉽게 주워 담을 수 있습니다.

파닉스의 동반자: 사이트 워드

파닉스 규칙을 따르지 않지만 '고빈도단어'이기 때문에 자주 등장하는 '사이트 워드(Sight Word)'가 익숙해지면 읽기의 유창성이 증대됩니다. 아이의 귀와 눈이 영어에 적당히 익숙해졌다면, 교재를 선정해서 파닉스를 함께 공부해 보세요. 사이트 워드 목록을 뽑아 아이와 같이 매일 3~5개 정도의 단어를 함께 읽으면서 익숙해지면 좋습니다. 가장 유명한 '사이트 워드'는 Dolch의 220개 영어 단어와 Fry의 1,000개 영어 단어입니다. 우선 Dolch의 220개 영어 단어만 알아도 아이가 보는 책의 절반 이상을 읽을 수 있으므로 읽기의 자신감을 키워 줄 수 있습니다.

사이트 워드(Sight Word)란 한눈에 보고 단번에 바로 읽어야 하는 단어를 말합니다. 파닉스 규칙에는 벗어나지만, 자주 등장하니 본격적인 읽기에 앞서 꼭 익혀야 합니다.

다독의 첫 번째 단계: 충분한 노출 + 파닉스 + 사이트 워드

사이트 워드를 아이와 어떻게 배우는 것이 좋을까요?

❶ 화살 놀이

유리창 전용 펜을 준비해 주세요. 칠판이나 창문에 양궁판을 그리고, 사이트 워드를 적습니다.

유리창에 딱 붙는 화살이 있는 양궁 놀이 장난감이 있습니다. 아이가 활을 쏘아 맞힌 단어를 말해 보게 합니다.

❷ 보물찾기

사이트 워드를 종이에 적어서 집안 곳곳에 숨겨두세요. 보물찾기처럼 아이가 찾도록 해보세요. 찾은 단어는 칠판에 적고, 읽어보게 합니다.

❸ 알파벳 자석

오늘의 사이트 워드(Today's Sight Words)를 매일 아이와 칠판에 자석으로 만들어 봅니다.

❹ 두음(Acronym) 놀이

머리글자를 사용해서 사이트 워드를 기억해 봐요.

예를 들어, 월요일이면 MONDAY의 각 첫 글자로 시작하는 사이트 워드 단어를 언급할 수 있습니다.

❺ 랠리 로빈(Rally Robin)

공을 던지고 받으면서 사이트 워드 단어를 하나씩 이야기해봐요.

❻ 사이트 워드 시(Sight Words Poems) 매일 읽기

구글에 'Sight Word Poems'를 검색하면 시(詩) 모음집이 나옵니다. 매일 시를 하나씩 선정하여 함께 읽어보세요.

❼ 주사위 놀이(Roll & Read)

구글에 'Sight Word Roll & Read'를 검색해서 각 주사위 숫자마다 사이트 워드 묶음을 표로 보여주는 활동지를 출력해 보세요. 주사위를 굴려서 나온 숫자에 해당하는 사이트 워드를 읽어보도록 할 수 있어요.

❽ 사이트 워드 빙고 게임

사이트 워드로 빙고판을 만들어서 게임을 해봅니다.

❾ 책에 있는 사이트 워드 찾아 쓰기

책을 읽을 때 보이는 사이트 워드에 모두 동그라미를 쳐보도록 하세요. 가장 많이 나온 단어를 포스트잇에 써서 책표지에 붙입니다.

사이트 워드 레벨 업

Fry의 '사이트 워드 구(Sight Word Phrase)'라고 두 개 이상의 단어가 모인 고빈도의 구들이 있습니다. 함께 자주 쓰이는 '연어'와 같아서 읽기 유창성 향상에 크게 도움을 줄 수 있습니다. '사이트 워드'에 익숙해지면 '사이트 워드 구'도 같이 배울 수 있도록 해주세요.

4장

5세에서 고3까지 가는 영어 기본기 완성 6단계

영어 기본기 완성 6단계의 최종 목표

"영어 시간은 저를 고문하는 것 같아요."

저는 이 말을 듣고 온몸이 묶인 듯 한마디도 못 하고, 교무실에 우두커니 앉아 있었습니다. 이 말을 한 학생은 영어 시간마다 책상에 엎드려 잠을 잤어요. 토닥여도 보고 타일러도 봤는데, 좀처럼 일어나지 않았습니다. 학생을 따로 불러서 왜 수업에 참여하지 않는지 다그쳤습니다. 그때 학생이 '고문'이란 표현을 쓰며 진저리를 쳤습니다. '고문이라니….' 이 아이가 영어 수업 시간에 느꼈을 좌절감과 참담함이 전해졌습니다.

영어 공부는 강을 건너는 것과 같습니다. 고등학교 영어 수업은 '입시 영어'라는 건너편 목적지까지 마지막 도약을 하도록 돕는 성격이 강하죠. 그동안 징검다리를 밟으며 단계별로 차근히 전진해온 아이와 아직도 출발점에 우두커니 서 있는 아이로 나뉩니다. 후자에게 목적지에 도착하라고 수업 시간에 격려하는 것은 강물에 몸을 던지라는 것과 같을 수 있습니다. 수능 영어는 미국 대학 교양과목의 '비문학 텍스트'를 발췌한 지문을 다룹니다. 이쯤이면 아주 깊은 강물이에요. 단기간 공부로 해결될 수 있는 문제가 아닙니다.

대한민국에 태어난 아이들은 초등학교 3학년부터 매주 일정 시간 영어 수업에 참여해야 합니다. 중학교 2학년 때부터는 영어 실력이 '평가'란 도마 위에 올라 객관적 수치로 여실히 드러납니다. 이 과정에서 수많은 학생이 주저앉습니다. 고3 영어 수업에서 다루는 EBS 교재의 지문은 사회, 과학, 언어, 역사, 미래학 등 한글로도 이해하기 힘든 콘텐츠를 다룹니다. 교사도 감정 촉수가 달린 사람이에요. 풀썩 책상 위에 머리를 떨구며 수업을 포기하는 학생들이 늘어가는 것을 체감할 때, '어차피 아무리 가르쳐도 안 돼.'란 자포자기의 심정이 되기도 합니다.

영어는 '언어'로, 다른 과목과 다릅니다. 인간이라면 선천적으로 타고난 '언어습득장치'를 사용할 수 있지만, 영어는 단기간 노출로 해결할 수 없는 과목입니다. 우리는 태어날 때부터 언어를 감지하는 청각 능력을 갖추고 있었죠. 하지만 모국어로 '엄마'란 단어를 발화하기 위해서 4년 이상을 기다려야 했습니다. 수많은 시간 동안 점진적으로 달궈지며 단련해야 할 영어란 언어를 '평가'로 채찍질하며 발전시키는 방법이 기이하긴 합니다.

어쩌다 보니 영어책 읽기 전도사

'평가, 정해진 답을 선택하기 위한 읽기, 숨 막힘, 노잼, 문법적으로 복잡한 영어 문장, 지겨운 구문 분석'이란 말풍선들이 교실 속 학생들의 머리 위로 둥둥 떠다니지 않으려면 어떻게 해야 할까요?

'꿀잼, 내용이 너무 재미있어서 영어로 읽은 줄도 몰랐음, 호기심, 완전 공감, 어떤 내용을 배울지 설렘.' 이런 단어들이 해시태그로 달리는 영어 수업은 존재할 수 없는 걸까요?

아이를 키우면서 주위를 살펴보았습니다. 희망적인 영어 수업의 씨앗은 유·초등 시기에 있다는 것을 발견했어요. 영어 그림책을 편하게 가져와서 한글책처럼 즐겁게 읽는 아이들을 볼 때, '아하 모멘트(A-ha moment)'를 찾았습니다. 영어책을 읽으며 입꼬리가 올라가던 아이에게 영어는 고문이 아니라 사탕처럼 달콤함을 주는 듯 보였어요. 그때부터예요. 아이에게 영어책을 읽어주기 시작하고, 주변에 영어책 읽기를 전도하고 다니기 시작한 시점이요.

사실 앞으로 중·고등학교 영어 시간에 만날 학생들이 즐겁게 영어 수업을 들었으면 하는 갈망이 저를 움직였습니다.

'아이와 직접 읽어보고, 성장을 관찰하고, 체계적인 단계를 만들어야겠다.'

'징검다리 돌을 스스로 하나씩 만들고 내려놓으면서 영어란 강을 건너게 해야겠다.'

이런 생각은 이론적 근거에 탄탄하게 바탕을 두어, '영어책 읽기'의 전도사가 되어야겠다는 결심을 하게 했습니다.

지그문트 바우만은 현대를 '액체 근대(Liquid modernity)'라고 표현했어요. 고체처럼 고정성이 없고, 액체처럼 유동적인 사회의 특성을 일컫습니다. '엄마표 영어'도 현대의 물살을 탑니다. '영어책'과 '영어 영상'이 홈스쿨의 핵심 도구인 줄 알지만, 확실하게 로드맵을 만들어 단계별 징검다리를 마련해놓지 않으면, 두려움을 자극하는 마케팅에 휩쓸려 이정표를 잃고 흔들리게 됩니다.

영어 기본기 완성 6단계의 최종 목표: 형평성을 통한 탁월함

사교육 시장의 규모는 50조에 이릅니다. '배우러 가는 학교'가 아니라 '배워서 가는 학교'라는 말이 입증되는 많은 액수의 돈입니다. 부모의 교육 열기는 높아지고, 가구당 자녀 수가 줄어 1명이나 2명이니 사교육비 투자에 관대해지는 추세입니다. 초등학교 3학년부터 의사소통 중심으로 공교육 영어 수업이 이루어지고 있지만, 사교육 시장에서는 유치원부터 시작해서 초등학교 6학년에 고등학교 영어 수준까지 끌어올리는 커리큘럼이 있어요. 누구나 추월차선에서 아이를 교육하고 싶어 합니다.

'돈이면 다 된다(Money Talks)'가 대한민국 영어교육의 현주소를 말해주고 있습니다. 소득 최상위계층 자녀 중 상위 20%에 속한 학생들의 사교육비 지출이 소득 최하위계층 자녀 중 하위 20%에 해당하는 학생과 비교해 8배 이상 높다고 합니다. 그러니 영어 사교육과 소득수준에 따른 영어교육 형평성의 문제는 언제나 뜨거운 감자입니다. 하지만, 엄마표 영어와 공교육의 조합을 통해 '형평성을 통한 탁월함'을 이끌 수 있다고 생각합니다.

영어교육 전문가가 아닌 엄마가 어떻게 아이의 언어능력을 탁월하게 성장시킬 수 있을까요?

'엄마의 영어 실력'이 아니라 '영어 노출 시간'이 영어 실력 성장의 키워드라는 것을 꼭 기억하세요.

현재 우리 아이 세대를 '모모 세대(모어 모바일 세대)'라고 합니다. 지금은 와이파이가 연결되는 핸드폰만 있으면 누구나 쉽게 영어에 접근하는 '형평성'이 있습니다. 물론 부의 차이가 영어 노출의 차이로 나타나겠지만, 손안의 핸드폰에서 영어의 4가지 기능(듣기, 읽기, 말하기, 쓰기)을 해결할 수 있는 시대입니다. 쉽게 정보를 접할 수 있는 장점을 활용하면 기회의 '공평함'을 가지고 영어란 언어를 얼마든지 노출할 수 있습니다. '언어발달 잠재력'은 모두 생득적으로 가지고 있기에 단계를 밟아가며 깨워 주면 '탁월성' 획득이 가능합니다.

1단계인 영어 듣기의 시작 시점은 5살입니다. 아이가 5살이 될 때쯤 영어유치원과 엄마표 영어 홈스쿨을 고민하는 갈림길에 서게 되는데, 이때를 출발점으로 시작합니다.

고3 수능 때까지 가지고 갈 '단단한 영어책 읽기 유창성'을 위한 영어 노출 로드맵을 6단계로 디자인했습니다. 영어를 외국어로 접하는 한국에서는 '어휘 학습'과 '읽기 시간'이 영어 유창성 향상을 위한 기폭제 역할을 합니다. 모든 단계가 '어휘'와 '읽기 연습'과 연결되도록 했습니다.

언어는 결국 '아이 스스로 만들어간다.'라는 믿음을 가지고 아이의 손을 잡고 영어 마라톤이란 긴 여정의 출발점에 함께 서주세요.

엄마표 영어에도 메타인지가 필요하다

영어 홈스쿨 노트를 한 권 마련하고, 매주 실천할 구체적인 계획을 세워봅니다. 새 학기 시작 전 모든 교과 선생님들은 교육 목표 및 세부 수업 구성을 담은 평가계획을 준비합니다. 계획 없이 성공할 수 있는 목표는 없습니다. 앞으로 제시하는 6단계를 읽은 후, 아이가 몇 살쯤 어떤 방식으로 진행할지 전체적인 로드맵을 먼저 작성하세요. 단계별로 자신이 없거나 불안한 부분이 있으면 적어둘 수 있습니다.

아이 영어 공부의 목표와 목적을 구분해서 세우기

목표와 목적은 다릅니다. 목표는 성취하고자 하는 것이며, 목적은 성취 다음에 무엇을 이루고 싶은지 궁극적인 방향을 말합니다. 목표는 'SMART 기법'을 사용해서 정하면 이루기 쉽습니다. 목표는 명확하고 구체적으로 세우고, 숫자를 넣어서 측정할 수 있고 달성 가능해야 합니다. 도달 가능한 현실적인 목표 달성 기한을 정해두어야 주변 상황에 쉽게 흔들리지 않고 실현할 수 있습니다.

S(Specific, 구체적인): 아이와 한 달 안에 사이트 워드 220개를 다 익힐 거야.

M(Measurable, 측정 가능한): 매일 30분 이상 영어 그림책을 읽고, 30분 이상 흘려듣기를 해줄 거야.

A(Achievable, 달성 가능한): 하루에 최소 3권의 영어 그림책을 아이와 읽을 거야.

R(Relevant, 관련 있는): 영어 문해력을 키우기 위해 영어와 함께하는 언어 경험을 많이 하도록 해줄 거야.

T(Time-bounded, 시간적 범위를 고려한): 아이가 초등학교 입학 전에 AR 0점대 책들은 모두 소리 내어 읽을 수 있도록 사이트 워드와 파닉스를 충분히 체득하도록 할 거야.

시간 범위에 따라서 구체적으로 세우는 목표는 달라집니다. 매주 일요일에 아이가 흘려듣기를 할 음원을 정리하고, 아이와 꼭 읽고 싶은 책 몇 권을 선별해 둡니다. '감정, 자연, 우정'처럼 책을 주제별로 묶어 정리한 후 매주 읽을 수 있습니다. 주제는 제시하되, 구체적인 책 선택은 아이에게 맡겨 주세요.

그럼, 영어를 공부하는 목적은 무엇일까요? '목적'은 목표들을 성취하면서 최종적으로 이루고 싶은 큰 그림입니다. '아이가 영어 울렁증을 갖지 않기!', '영어 문해력과 의사소통 능력의 영어 날개를 달고 국경의 한계를 뛰어넘기'를 목적으로 생각할 수 있어요. '매영독십인(매일 영어

독서 십 분이 인생을 바꾼다)'과 같이 입에 착 달라붙는 목적을 써두면 좋겠지요.

6단계 학습 시작 전 무엇을 준비하면 좋을까?

큰 칠판과 포스트잇을 준비하세요.

'쓰고, 붙이고, 보고, 말하기'처럼 다양한 감각을 자극하기 위한 활동을 하려면 꼭 필요한 준비물입니다.

아이와 함께 영어를 습득하는 여정의 필수 도구예요. 큰 칠판은 아이 방이나 거실처럼 자주 보이는 공간에 놓아 두어서 오고 가며 자주 볼 수 있도록 해주세요.

한눈에 보는 영어 기본기 완성 6단계

단계	목표	핵심
1단계 영어 듣기	영어 소리와 친밀함 쌓기	영어를 흠뻑 들려주기 하루 30분 이상 흘려듣기
2단계 한 줄 영어책 + 파닉스 + 사이트 워드	한 줄짜리 영어 그림책의 매력에 빠지기	한 줄 영어책 100권 이상 읽고 파닉스 익히기 (소리 → 철자) '사이트 워드 리더스' 읽으며 맥락 속에서 사이트 워드 익히기
3단계 영어책 소리 내서 읽기	영어를 직접 소리 내서 읽는 과정에 친숙해지기	영어로 자신을 표현하는 첫걸음 의미 덩어리로 청킹해서 읽는 경험 쌓기
(4, 5단계 준비) 영어 단어 기반 세우기	영어 단어 꾸러미 저장소 만들기	첫 영어 단어책 마련하기 사진을 보고, 영어 단어로 표현해 보기
4단계 영어 말하기 연습	아이에게 익숙한 단어와 간단한 문장 구조로 영어 말하기 연습 충분히 하기	리더스북으로 영어문장 구조 파악 → 소리 내어 읽기 → 리더스 씨어터 → 책을 주제로 대화 나누기 → 일상에서 영어를 발견하고 말하기 → 주제 정해서 말하기 → 스마트폰 앱이나 화상 영어를 활용해서 말하기 연습
5단계 영어 쓰기 연습	쓰기 활동으로 영어 문장 구조(문법)를 익히고, 자신의 이야기를 자신 있게 영작하기	필사하기 → 고빈도 구를 넣어 영작하기 → 책에 나온 단어들을 구성해서 영작하기, 책 서평 쓰기 → 책을 읽고 요약문 쓰기 → 영어일기 쓰기
6단계 챕터북 읽기	챕터북과 함께 읽기 독립	키즈 영자 신문과 영어독해 학습서, 그래픽 노블, 얼리 챕터북으로 챕터북 읽기 준비운동 → 챕터북 읽기

1단계

아이의 듣기 친구, 영어

1단계 목표

- 영어가 아이의 듣기 친구가 될 만큼 친밀함 쌓기
- 원어민의 '유창한 읽기'에 반복적으로 노출되어 영어책을 읽는 속도와 방법(의미 단위로 읽기)을 체득함

1단계 핵심

- 영어 듣기에 거부감이 없는 어린 시기에 영어를 흠뻑 들려주기
- 하루 30분 이상 흘려듣기를 하며 영어에 스며들기

언어는 소리에 바탕을 둡니다. 문자 언어가 만들어지기 전까지 인류는 소리로 소통했습니다. 아이는 태어나자마자 언어와 비언어의 소리를 구분할 수 있다고 해요. 아직 시각도 완성되지 않은 때에 벌써 청각

은 언어 습득을 위해 열려있는 거예요. 이렇게 아이가 선천적으로 타고 난 '언어습득장치'의 잠재력을 발현하기 위해서는 영어 소리를 충분하게 들려주는 것이 필요합니다.

정확성을 중시하던 과거 교육과 달리, 현재 영어교육은 '유창성 향상'을 중심축으로 흘러가고 있습니다. 유창하게 읽고 말하기 위해서는 반드시 충분히 듣는 훈련이 선행되어야 합니다. 들었던 영어를 바탕으로 '나의 영어'를 창조할 수 있거든요.

핀란드는 영어를 외국어로 배우는 나라 중에 의사소통 능력이 가장 뛰어난 나라입니다. 그 비결은 무엇일까요?

핀란드인 스스로가 밝히는 영어 성공의 열쇠는 영어방송 듣기입니다. 황금시간대에 미국 영화와 드라마가 그대로 송출된다고 하니, 전 국민이 즐겨보는 인기 프로그램이 핀란드 국민의 영어 동반자가 됩니다. TV란 매체를 통해 매일 영어 듣기가 전국적으로 평등하게 이루어집니다.

방탄소년단 랩몬스터도 UN 총회에서 '자신의 목소리를 내라(Speak Yourself)'란 메시지를 가지고 영어로 유창하게 연설해서 전 세계인의 공감을 얻었습니다. 이렇게 영어 실력이 좋았던 이유는 어린 시절에 영어 시트콤 〈프렌즈(Friends)〉 영상을 본 덕분이라고 이야기했는데요. 통역사의 도움 없이 자연스럽게 대화를 이끌어가는 영어 실력이 영어방송 청취로 가능했다는 점이 고무적입니다.

고등학교 영어 수업에서 아이들에게 영어를 읽어보게 하면 듣기 훈련이 잘되어 있는 경우, 의미 묶음 사이에서 멈추며 읽습니다. 수없이 들었던 원어민의 음성, 운율(리듬, 억양, 강세, 멈춤)이 체화되어서 학생의 입으로 쏟아지게 된 거죠. 물이 위에서 아래로 떨어지듯 귀를 통해 쌓인 음성 언어는 언젠가 입으로 흘러 밖으로 발화됩니다.

영어 듣기의 점화효과 살리기

코카콜라는 광고의 원칙이 있습니다. 그것은 '뉴스 후 광고 금지'입니다. 혹여라도 부정적인 뉴스가 코카콜라의 이미지와 결부되는 것을 방지하기 위해서입니다. 탄산음료 자체에 거부감이 있는 사람의 마음을 더 돌아서게 만들 수 있거든요. 이렇게 앞서 경험한 자극이 이후 정보의 해석에 영향을 주는 심리 현상을 '점화효과'라고 합니다.

점화효과를 긍정적으로 살려서 영어 듣기 노출에 이용해야 합니다. 영어의 시작은 듣기입니다. 친구처럼 친근하고 즐거운 이미지의 첫인상을 만들어 주어야 앞으로 이어갈 읽기 활동을 선순환으로 이끌어 줄 수 있습니다.

아이가 영어가 가진 소리의 매력을 충분히 느끼기 위해서는 어떻게 해야 할까요?

처음 영어 소리를 들려줄 때 '해야 할 것'과 '하지 말아야 할 것'을 알려 드릴게요.

아이의 영어를 엄마가 고3까지 옆에서 이끌어 주고 싶다면 장기적인 로드맵을 세우세요. 그 첫 단계는 반드시 '재미, 흥미, 호기심, 즐거움' 등의 긍정적 느낌으로 채워져야 합니다. 뉴스처럼 영어가 심각하고 부정적인 인상을 주면 아이가 영어와 만나고 싶은 동기가 사라질 수 있거든요.

이렇게 즐겁게 시작하고, 매일 꾸준히 듣도록 해주세요. 그러면 뜻을 나누는 소리인 '음소'부터 음소와 음소가 연결되며 이루어지는 음운현상인 '연음', 한국어와 다르게 영어에서 두각을 보이는 '강세'와 '억양'이 익숙해집니다. 또한 영어 듣기에서 들었던 내용을 책으로 연결해서 제공하고 다시 들려줄 때, 아이들은 의미를 찾아가는 과정에서 자연스럽게 의미 단위로 듣습니다. 직청직해가 가능해지는 거예요.

이때 주의할 점이 있습니다. 하루에 30분 정도는 아이가 영어를 들을 때 엄마가 함께 있어 주세요. 아이와 영어 동요를 들으며 율동을 하거나, 아이가 흥미를 느끼는 순간에 반응해 준다면(Serve and return) 아이의 뇌 발달뿐만 아니라 영어와의 관계 형성에도 결정적이고 긍정적인 영향을 미칩니다.

1단계에서 해야 할 것

❶ 마더구스 들려주기

'마더구스(Mother Goose)'는 서양 전래동요로, 영국에서는 '너서리 라임(Nursery Rhyme)'이라고 불려요. 구글에서 '마더구스'를 검색하면 이야기를 들려주는 푸근한 할머니 또는 새끼오리에게 책을 읽어주는 나이가 지긋한 거위 그림이 나옵니다. 저는 어느새 아이에게 책을 읽어주는 '마더구스'가 되었지만, 아이와 함께 즐거운 라임을 따라 부를 때는 동심으로 돌아갑니다. 오감이 모두 열려있는 유아만큼 라임(Rhyme)[1]의 리듬을 느끼지 못하겠지만요.

마더구스를 빈틈없이 즐길 수 있는 시기가 바로 유아기입니다. 마더구스의 나비효과를 제대로 누릴 수 있는 시기인 거죠. 마더구스를 듣다 보면 아이가 절로 엉덩이를 흔들며 춤을 춥니다. 라임을 맞춘 음악적 리듬이 참 재미있거든요. 쉬운 단어가 반복적으로 나오다 보니 새로운 '어휘'를 익힐 수도 있고요. '후크송'처럼 계속 입에 노래가 맴돌아요. 영어 문장의 구조에 익숙해져서 영어 성장의 기폭제 역할을 하지요. 또 가사 속에 '영미 문화'가 녹아 있어서 훗날 영어 그림책의 맥락을 이해하는 데 도움을 줄 수 있어요. 무엇보다 마더구스가 인생 전반에 영어에 대한 향수를 불러일으킵니다.

구름이는 유튜브로 〈핑크퐁 마더구스〉나 〈슈퍼심플송 마더구스〉를 보는 걸 좋아했어요. 이 중 가장 좋아했던 캐릭터는 '달걀 아저씨'인 '험프티 덤프티'에요. 이름부터 라임을 이루죠. 가사에도 'wall-fall'처럼 라임을 이루는 짝들이 나와요. '달걀 아저씨'가 벽에서 떨어져서 깨졌지만, 다시 붙일 수 없었다고 하면서 깨진 달걀 곳곳에 붕대를 붙이려고 하는

1 '라임(Rhyme)'은 일정한 자리에 같은 운을 규칙적으로 다는 것을 말한다. 그 예로 'play-clay', 'cut-hut' 등이 있다.

장면이 재미있는지 계속 돌려보고 싶어 했어요. 이후 달걀을 보면 눈, 코, 입을 그리려고도 하고요.

영화와 책에 숨겨진 마더구스 요소를 찾는 재미도 쏠쏠합니다. 이렇게 내가 봤던 텍스트가 다른 매체들과 연결되는 걸 '상호텍스트성(Intertextuality)'이라고 합니다. 인생에 걸쳐 향수를 자극하는 요소가 되기도 하고요. 구름이가 크면서 만화영화에서 뚱뚱한 달걀 아저씨가 등장인물로 나오면, 어렸을 때 엄마 품에서 함께 들었던 마더구스가 생각날 거예요. 제가 아이와 마더구스의 인물을 발견했던 책이나 영화는 〈이상한 나라의 앨리스〉, 〈토이 스토리〉, 〈장화 신은 고양이〉, 〈슈렉〉이에요.

유튜브에 검색하면 마더구스가 많이 있습니다. 차 안이든 집 안에서 아이가 노는 시간에 배경음악으로 깔아주면 좋아요. 자장가처럼 잔잔한 음색이 드러나는 'Rock a Bye Baby'나 'Bye, Baby Bunting'도 있습니다. 유튜브에 검색해보면 라이그하 머리너(Leigha Marina)의 자장가는 5시간 남짓 되어 아이를 재울 때 마더구스를 작은 음향으로 틀어놓고 재울 수 있습니다.

'Super Simple Song Lulluby'라고 검색해보세요. 'Hush a Little Baby'와 같이 엄마 품에서 포근하게 잠드는 느낌의 마더구스도 만날 수 있습니다. 'Twinkle Twinkle Little Star' 말고도, 아이를 재울 수 있는 마더구스가 많으니 아이가 꿈나라로 가기 직전 틀어주시면 아이가 영어와 따듯하게 만날 수 있을 거예요.

❷ 영어 동요 들려주기

아이의 댄스 본능과 밀접히 연결된 영어 동요를 틀어주면 아이들이 즐겁게 영어를 만날 수 있습니다. 위씽(Wee Sing) 동요나 시중에 나온 CD와 영어 동요 가사집이 묶여 있는 책을 선택해서 반복적으로 틀어주세요. 라푼젤, 겨울왕국, 알라딘 등 어디선가 한 번쯤 들었던 익숙한 디즈니 영화 노래 OST도 한데 묶어놓은 영상이 많아요. 앞으로 영화를 통해 마주할 노래들을 미리 듣고 친근해지면 기억 효과를 높일 수 있습니다.

구름이는 유튜브의 〈슈퍼심플 송〉, 〈키즈티비 123〉 같은 채널 듣기를 특히 좋아했어요. 〈키즈티비 123〉의 반의어 노래에 푹 빠져 수없이 반복해서 들으니 6살 때 웬만한 '반의어'를 다 알고 있었거든요.

이동 중에 짬짬이 영어를 들려주는 습관을 키워두는 것이 좋습니다. 영어성적이 뛰어난 고등학생들에게 비결을 물으니 등·하교할 때 수업시간에 배웠던 지문을 영어로 듣고 다니며 영어표현들을 익숙하게 했다고 해요. 음원을 찾을 수 없으면 자신의 목소리로 녹음하고 들으면서 다닌다고 하니 '듣기-읽기'의 밀접한 상관관계를 알고 학습 전략으로 활용할 수 있는 거죠.

마더구스 활용 꿀팁

TPR(전신반응 교수법)을 통해 신체활동을 하도록 하여 우뇌 자극 효과를 낼 수 있습니다. 가사에 맞춰 간지럼 태우거나, 동물 흉내 내기, 율동하기, 까꿍 하기 등 '몸으로 듣는 시간'을 마련해 보세요. 엄마와 아이만 아는 영어가 뒤섞인 비밀시간이 생겨나 관계가 더욱 돈독해집니다.

❸ 책으로 연결되는 노래와 영상 듣기

영어책을 노래로 바꾼 '노부영(노래 부르는 영어 동화)'을 통해 영어 '듣기'에서 '읽기'로 모드를 변경할 수 있습니다. 책으로 연결될 수 있는 영어 영상을 선택하면 캐릭터와 스토리에 대한 배경지식이 있으므로 영어 읽기의 세계로 들어가는 문턱이 낮아집니다. 듣기가 영어책 읽기의 징검다리가 되는 거예요.

구름이는 5세 때 보았던 〈페파피그〉 영상을 아직도 좋아합니다. 50권으로 이루어진 '페파피그 얼티메이트 컬렉션'과 '영상 대본책'도 갖춰 두었습니다. 일주일에 3번 이상 책을 읽고, 영상을 즐길 만큼 좋아합니다. 《페파피그 비지북》이라고 등장인물들이 작은 피규어로 나온 책이 있어요. 아이와 거품 목욕할 때 주인공 피규어를 들고, 영어로 에피소드를 변형한 스토리를 만들어가며 놀기도 합니다. 아이가 페파피그를 영어로만 만났기 때문에 어떻게든 영어를 사용해서 의미를 전달하는 표현력이 다소 엉뚱하지만 기특합니다.

다음에 소개하는 책과 연결되는 여러 영상 중에 특히 아이가 좋아하는 영상이 있으면 놓치지 말고 읽기로 연결해 주세요. 이렇게 영어 영상과 책, 관련 피규어 장난감까지 연결해서 보고 싶어 하는 영상이 생기는 건 영어 실력 향상을 위해 매우 중요한 디딤돌이 됩니다.

책으로 연결되는 영어 영상(영상 캐릭터의 힘을 받아 책 읽기로 도약하자!)

- 맥스 앤 루비(Max & Ruby): 넷플릭스에서 '토끼네 집으로 오세요'로 방영되고 있습니다. 언어를 '영어'로 설정해서 시청해보세요. 단어가 어렵지 않고, 영상과 책 내용이 일치해서 쉽게 책으로 넘어갈 수 있는 장점이 있습니다.
- 옥토넛(Octonauts): 엠엔브이(MNV) 홈페이지에서 대본을 다운받을 수 있어서, 영상을 대본과 함께 본 후 영어책 읽기로 넘어가길 추천합니다. 영어책 글밥이 다소 많은 편입니다.
- 피제이 마스크(PJ Masks): 남자아이들이 좋아하는 영상입니다. 'Ready to read' 리더스북으로도 연결되고, 피규어가 있는 비지북도 있어서 재미있게 영어책 읽기로 넘어갈 수 있습니다.
- 마이 리틀 포니(My Little Pony): AR 2점대 리더스부터 AR 4점대 챕터북까지 연결될 수 있는 영상입니다. 다양한 장난감들도 갖추고 있는 전세계에서 사랑받는 캐릭터입니다.

어떤 학부모님께서 "아이가 재미있게 보는 한글 만화를 영어로 더빙한 영상을 보여주는 건 어떨까요?"라고 물어본 적이 있습니다.

영어 동요에서 여러 명의 영어 대화를 들려주는 영상 시청으로 넘어가는 시기가 있습니다. 이때 '뽀로로'와 '타요'처럼 한글 영상으로 즐겁게 봤던 영상을 영어로 더빙한 영상으로 들려주는 것도 좋습니다. 하지만 한글을 영어로 번역하는 과정에서 인위적인 표현이 있을 수도 있습니다. 자연스럽고 실제적인 표현과 영어권 문화가 내포된 영상을 원한다면 영어권 문화에서 제작된 영상으로 시작하는 게 좋습니다.

❹ 온라인 라이브러리 음원 활용하기

핸드폰 앱 하나에 수만 권의 영어책이 들어있고, 다양한 북 큐레이팅도 가능합니다. 아이의 영어 수준에 맞춰 책을 필터링할 수 있고, 흥미있는 소재를 검색해 볼 수도 있습니다. 아이가 읽은 책에 맞춰서 인공지능이 취향을 분석하여 책을 추천해 주기도 합니다.

우리는 유동성을 추구하는 현대 트렌드에 맞게 다양한 책들을 둘러보고 들어볼 수 있습니다. 그야말로 지루해질 틈이 없는 만능 '온라인 라이브러리'를 갖춘 시대에 살고 있습니다. 표현력이 멋진 원어민 성우가 맛깔나게 녹음해준 음원도 손가락 하나 까닥하면 들을 수 있으니 '액체 근대'의 특성을 보여주는 '결정판'이라고 할 수 있죠.

온라인 라이브러리의 장점은 언제 어디서나 이용 가능하다는 거예요. 학교와 같은 교육기관에서 무료로 제공해주는 '리딩게이트'나 '리딩앤', '에픽', '라즈키즈' 등 다양한 앱이 있습니다. 장단점을 비교해 보고, 아이의 마음에 드는 플랫폼을 찾으면 됩니다. 저는 아이와 '에픽'으로 선택했습니다. '에픽 오리지널'처럼 단독으로 제작한 음성이 나오는 책들이 시리즈로 있어서 아이가 흥미를 유지하는 데 도움이 되었습니다.

다만, 아이와의 경험에서 느꼈던 아쉬운 점은, 실물 책 없이 온라인으로만 진행하니 실체감이 조금 떨어진다는 거였어요. 잘 안 들렸던 단어들을 포스트잇에 적어 책날개에 적어두곤 했는데, 책의 실체가 없으니 어디에 적어두어야 효율적인지 고민한 적이 있습니다.

Q. 영어책 구매가 부담스러워서 온라인 라이브러리 회원권으로 계속 영어책 듣기와 읽기를 해주고 싶은데 괜찮을까요?

A. 연구 결과들은 핸드폰이나 컴퓨터와 같은 매체를 통한 읽기의 성격은 '보기'에 더 가깝다고 알려줍니다. 실제로 종이로 글을 읽을 때 기억력과 이해력과 같은 '읽기 효과'가 더 뛰어납니다. 앞으로 아이는 학교에서 종이 교과서로 읽기 지문들을 마주하기 때문에, 요약하고 메모하기 등의 전략사용을 연습하기 위해서는 종이책 읽기를 병행하는 것을 추천합니다.

❺ 아이의 흥미를 자극하는 영어 콘텐츠 들려주기

영어를 질리게 만드는 것 중 하나는 반복입니다. 그러나 반복해도 질리지 않는 것이 영상입니다. 이것은 유아기에만 가능한 것 같아요. 어른은 한 번 본 영화는 또 볼 수 없을 만큼 눈에 익은 영상은 생경함이 떨어지는데, 유아기에는 좋아하는 콘텐츠를 무한 반복해서 봅니다.

아이가 한글로 된 어떤 책과 영상에 흥미를 느끼는지 관찰해주세요. 이때도 유튜브가 유용한 영상 검색도구입니다. 마법을 좋아하는 아이라면 'kids magic'으로 검색해 볼 수 있고, 구름이처럼 과학실험을 좋아하는 아이라면 'kids experiment'처럼 키워드를 넣어서 검색할 수 있습니다.

구름이는 세 자매가 나오는 유튜브의 'Wild Adventure Girls' 영상들을 좋아했습니다. 보고 나서 슬라임 만들기 재료를 직접 준비해서 실험도 함께해 보았습니다. 실험하는 과정에서 영어를 발화하는 건 모두 영어 영상 덕분입니다.

조금 쉬운 영어를 사용하고, 자막으로 단어를 소개해서 어휘 학습에 도움이 되는 영상이 있는데요. 바로 3~7세를 대상으로 한 '블리피(Blippi)'예요. 키즈 유튜버 '블리피' 아저씨가 각종 놀이시설을 체험하는 과정을 쉽게 설명해 주는 장면들이 '호기심'과 '영어 노출'을 모두 충족해 줍니다.

영상을 고를 때의 원칙!

《EBS 당신의 문해력》에서는 '모바일 트래픽 조사 결과'를 인용하면서 모바일 트래픽 중 동영상이 차지하는 비율이 60%라고 합니다. 앞으로 아이가 살아갈 사회는 텍스트보다 동영상으로 정보를 얻는 비율이 더 높아질 거예요. 문화적으로 영상 쏠림 현상이 증가한다고 합니다. 하지만 가정에서는 영상이 목적이 되지 않도록 해주세요. 영어 영상은 영어를 맥락에 맞게 들려주는 장점이 있습니다. 영상을 통해 영어가 실제로 쓰이는 상황을 접하게 해주되, 영상이 결국은 책으로 넘어가는 중간다리 역할을 하도록 해주세요.

❻ 듣기 활동 때마다 단어 하나씩 건져보기

하루 30분씩 영어를 들려주고, 시간이 다 끝날 때쯤에 아이에게 오늘

들었던 단어 중 가장 기억에 남는 단어 하나가 무엇인지 물어보세요. 아직 영어 단어를 쓰지 못하면 한글로 들리는 대로 그 단어를 적어보거나, 뜻을 생각하며 칠판에 적어보게 하는 것도 좋습니다.

[1단계에서 하지 말아야 할 것]

❶ 아이의 영어 및 인지 수준보다 어려운 듣기 자료는 들려주지 마세요.

아이의 귓속에 영어가 들어와서 이해되어야 합니다. 80% 이상은 이해할 수 있어야 영어 듣기 활동이 제대로 이루어질 수 있어요. 예를 들어, 영어 뉴스, 유명 학술인이 발표하는 테드(TED) 강연이 성인의 인지 능력을 요구하는 주제를 다룬다면, 아이에게는 의미 없는 소음으로 들릴 수 있습니다.

❷ 순서대로 알려준 듣기 자료를 거꾸로 들려주지 마세요.

마더구스나 영어 동요를 충분히 들어서 영어 소리에 익숙해져야 문장으로 발화하는 영어 문장을 들을 수 있습니다. 소리에 의미가 더해질 수 있는 수준의 영상만 들려주세요.

❸ 아이가 거부하면 더는 들려주지 마세요.

영어에 흥미를 느끼고 들을 수 있는 6가지 방법을 알려드렸는데, 매일 소개된 모든 활동을 하는 것은 과욕일 수 있습니다. 인기가 많은 영상을 찾아 들려주어도 아이가 거부하면 더는 요구하지 마세요. 다만, 아이가 흥미를 보이는 영어 듣기 자료는 다소 쉬워 보여도 수십 번 들려주세요.

❹ 평가와 학습에 치중하지 마세요.

온라인 라이브러리들은 읽기 활동 후 독해 점검 문항이 나옵니다. 문제 풀기를 꼭 시키려고 하다가 아이와 갈등이 생기는 경우가 있는데요. 아이가 거부하면, 듣고 나서 시험처럼 듣기 이해도 점검 문제를 풀게 하는 학습으로 무조건 접근하지 마세요. 앞으로 아이의 삶에서 영어를 평가로 만나는 시간은 충분히 길어요. 처음부터 평가와 학습이 중심이 된다면 진정한 언어 노출의 성과를 볼 수 없습니다.

❺ 아이만 영어를 듣게 하지 마세요.

듣는 과정에서 상호작용이 있어야 합니다. 아이가 순종적인 경우에도 30분 정도는 엄마가 핸드폰을 보지 않고 아이와 눈을 맞추면서 영어를 듣는 과정을 함께 해주세요. 구름이는 "엄마, 꼭 내 옆에 있어야 해." 라고 표현하며 제 핸드폰을 숨기곤 했어요. 저는 '핸드폰을 끄고 아이의 눈을 맞추는 시간을 하루에 1시간이라도 꼭 갖자.'라고 결심했고, 이 시간을 영어를 듣고 책을 읽으며 이야기하는 시간으로 정했습니다. 흘려듣기를 하면서 아이와 함께 종이접기를 하거나 색칠하기, 공 던지기 등의 놀이를 했어요. 아이와 오롯이 함께하는 1시간의 배경음악이 영어였습니다.

매일 영어를 들으면 아이에게 생기는 일

- 직청직해가 직독직해로 넘어갑니다.
- 마더구스와 영어 동요에 익숙해지면 짧은 영어 시를 읽을 때 아이도 모르게 라임을 맞추어 읽습니다.
- 영어 소리를 들을 때 애매한 영어표현과 자주 마주쳤기 때문에, 읽는 과정에서 뜻이 분명하지 않은 표현이 있어도 멈추지 않고 해석할 수 있습니다.

2단계

한 줄 영어책(AR 0점대) 읽기와 파닉스, 사이트 워드 학습 병행하기

2단계 목표

- 한 줄짜리 영어 그림책의 매력에 빠지기

2단계 핵심

- 한 줄 영어책 100권 이상 읽고, 파닉스 익히기(소리 → 철자)
- '사이트 워드 리더스' 읽으며 맥락 속에서 사이트 워드 익히기

한 줄 영어책을 읽으면서 '사소함의 장엄함' 느껴보기

영어 소리에 익숙해졌으면 이제 소리가 철자와 어떻게 연결되는지 알아야 할 시간입니다. 파닉스를 가르치기 전에 한 줄 영어 그림책을 많이 읽어주세요. 5~7세의 어느 시점이든 짧은 영어책 읽기에 최적화된 시기입니다.

대부분 중고로 전집을 사는 편인데, 동네 맘카페에서 '씽씽영어(Sing Sing English)'와 '베이비 사이언스(Baby Science)' 전집을 구매해서 아이에게 읽어주었습니다. 최소 100번은 '한 줄 영어책'을 읽어주고 난 후 파닉스 지도를 진행해 주세요. 하루 5권씩 20일 정도 읽어주거나 10권 정도를 10일 읽어주면 됩니다. 같은 책을 여러 번 아이에게 읽어줘도 매번 느낌이 달라요. 우리 눈으로 볼 때는 똑같이 생긴 파도이지만 파도가 칠 때마다 모래사장에 남기는 흔적이 다르듯이, 영어책을 읽어줄 때마다 아이의 마음에 여러 모양의 흔적을 남깁니다.

한 줄 영어책을 다 읽는 데는 1~3분도 채 걸리지 않아요. 하지만 임팩트 있게 읽어주어야 합니다. 아이 마음에 도장 찍듯이 읽어야 오래 기억할 수 있거든요. 크게 또는 작게, 빠르게 또는 느리게, 음의 높낮이에 변형을 주면서 역동적으로 읽어주세요. 만약 '노부영'으로 들었던 영어책이라면, 아이와 노래를 함께 부르면서 책을 읽는 것도 좋은 방법입니다.

2단계에서 영시 읽기로 영어의 음악성 맛보기

영어의 음악적 특성을 음미하는 방법으로 영시 읽기를 추천합니다. '아이를 위한 짧은 영시(Short Poems for Kids)'라고 구글에 검색하면 좋은 시가 많이 나옵니다. 하루에 한 개씩 출력해서 읽어보고, 칠판에 붙여 볼 수 있습니다. 입으로 꼭 따라 읽으면서 영시를 함께 느껴보세요.

피부 에스테틱만 있는 것이 아니라 영어 에스테틱도 있습니다. 영문학을 통해서 영어의 아름다움을 느낄 수 있어요. 유·초등 시기엔 영시를 통해 가장 온전하게 영어의 운율을 맞출 수 있습니다.

2단계는 3단계 〈소리 내어 읽기〉의 준비 과정입니다. 아이는 2단계에서 '파닉스'를 학습하면서 듣고 익숙해진 소리를 철자에 연결할 수 있어야 합니다. 또한 사이트 워드를 함께 익혀야 합니다. 사이트 워드는 한눈에 보고 의미를 파악할 수 있는 단어를 말합니다.

사이트 워드를 확실하게 익혀두어야 내용 파악에 핵심이 되는 '내용어'를 추측하고 파악하는 과정이 수월해집니다. 사이트 워드의 대부분은 파닉스의 규칙을 따르지 않고, 전치사나 조동사처럼 기능만 나타내는 '기능어'인 경우가 많습니다. 빈도수가 높아 자주 보이는 단어이기 때문에 눈과 귀에 익혀두지 않으면 유창성 향상이 어렵습니다.

여기서 잠깐!

영어에는 내용어(Contents Words)와 기능어(Function Words)가 있어요. 내용어는 '명사, 동사, 형용사, 부사'로 문장 내용을 이해할 때 필요한 결정적이고 중요한 정보를 줍니다. 기능어는 '조동사, 전치사, 관사, 접속사, 대명사'로 내용어를 연결하고 문법의 틀을 갖추는 데 필요한 단어입니다. 보통 내용어에 강세를 두고 말하기 때문에, 아이들이 영어를 듣고 머리에 남는 단어들은 주제 파악에 필요한 내용어입니다.

Dolch의 220개 사이트 워드를 사용하여 벽보를 만들어 보는 것은 어떨까요?

매일 포스트잇에 3~4개씩 사이트 워드를 적고 칠판에 붙여두고 익혀보세요. 구구단과 기초 한자의 벽보를 냉장고에 붙여 두었더니, 아이가 밥을 먹으면서도 눈을 돌려 벽보와 마주치면 스스로 질문하고 대답하는 과정을 보았어요. 눈으로 보이는 모든 것에 흥미와 호기심을 가지는 시기예요. '사이트 워드'를 전시해서 자주 눈에 띄도록 하면 암묵적 지식으로 스며듭니다.

제가 추천하는 방법은 '사이트 워드 리더스'를 읽는 거예요. 저는 '영어 맥락' 신봉자입니다. 아이를 영어학원에 보내고 싶지 않았던 이유는 혹시나 '영어 단어-뜻'을 적어가면서 섬처럼 뚝뚝 떨어뜨리는 영어 단어 공부를 할까 봐 두려웠기 때문입니다. 생선회도 바로 잡아 떠야 그 맛을 알 듯, 영어의 맛을 알려면 맥락 속에서 단어를 건지며 만나야 합니다. 사실, 사이트 워드가 고빈도단어라 대부분은 AR 0~1점 초반대 영어책들을 읽으면 자연스럽게 익힐 수 있어요. '사이트 워드'를 주로 선택해서 리더스북으로 만든 책들을 자주 보여주면, 자연스럽게 맥락 속에서 사이트 워드의 형태와 의미가 스며듭니다.

영어 문해력이 좋은 학생들의 공통점: 질문하기와 추측하기

영어 문해력이 좋은 학생들에게는 공통적인 특성이 있습니다. 바로 '질문하기'와 '추측하기'예요.

제가 석사 논문을 쓰는 과정에서, 상위권 아이들에게 영어지문을 읽으면서 생각나는 모든 것을 입으로 말하는 '생각 말하기(Think Aloud)'를 해봤어요. 영어를 쭉 읽어가는 과정에서 능동적으로 다음에 나올 내용을 '추측하기' 위해 스스로 질문을 참 많이 하더라고요. '여기서 이 단어가 나왔다는 건 다음에 어떤 내용이 나온다는 거지? 한 줄 더 읽어보자.' 이렇게 질문하고 추측하니 다음 내용이 궁금해지는 거예요. 인쇄물을 읽고 있지만, 상대와 대화를 나누듯 읽는 과정을 관찰할 수 있었습니다.

아이가 관심을 보이는 영어 그림책이 있으면, 표지를 보며 질문을 해 보는 '커버 토크(Cover talk)'를 해주세요. 그림만 처음부터 쭉 보여주면서 어떤 내용이 이어질지 추측해 보는 '픽처워크(Picture walk)'를 할 수도 있습니다. 그림을 보며 질문하는 과정은 자연스럽게 추측 능력을 길러 줍니다. '상상에 상상을 더해서' 읽도록 이끌어 주면 아이들은 금세 재미를 붙일 거예요.

읽기 슬럼프가 왔을 때 아이와 함께하는 활동

- 책 징검다리: 책을 바닥에 징검다리처럼 펼쳐두고, 제목을 말하면서 건너뛰기
- 파리채로 영어책 잡기: 정해진 시간 안에 영어책 제목을 말하고 누가 더 많이 파리채로 때리는지 알아보는 게임
- 영어책 주저앉히기: 영어책을 세운 후 오자미로 때리고, 넘어진 그대로 잡고 책을 열어서 보이는 영어 단어 말하기 활동

'사이트 워드 리더스'를 알려주세요!

<table>
<tr><th></th><th>스콜라스틱 사이트 워드 리더스</th><th>노부영 사이트 워드 리더스</th></tr>
<tr><td>장점</td><td colspan="2">크기가 작고, 얇고 가벼워서 외출할 때 가지고 다니기 좋다.
그림과 이야기를 통해서 사이트 워드를 자연스럽게 학습한다.</td></tr>
<tr><td>특징</td><td>25권, 활동책, 오디오 CD</td><td>48권, 활동책, 오디오 CD
노래로 흥얼거리며 익힐 수 있다.</td></tr>
</table>

3단계

아이와 영어책 소리 내어 읽기

3단계 목표

- 영어를 직접 소리 내서 읽는 과정에 친숙해지기

3단계 핵심

- 영어로 자신을 표현하는 첫걸음
- 의미 덩어리로 청킹해서 읽는 경험 쌓기

'전 세계의 소리 내어 읽는 날(World Read Aloud Day)'이 있습니다. '소리 내어 읽기'의 장점이 참 많기에, 세계 각지의 선생님들이 학생들과 소리 내어 읽는 수업을 서로 공유합니다. 어떤 장점들이 있어서 '전 세계 사람들이여, 모두 소리 내서 읽어라.'라고 공표하는 날까지 정한 걸까요?

소리 내어 읽기의 장점

❶ 읽기의 유창성(Reading Fluency)을 향상하는 제일 나은 방법입니다.

유창성이란 무엇일까요? 물 흐르듯 더듬거리지 않고 매끄럽게 읽으면서 행간의 의미를 파악할 수 있는 거예요. 유창성을 갖춘 아이들은 영어 읽기의 진정한 즐거움을 느낄 수 있죠.

소리 내어 읽으면 이해도와 어휘력이 증진됩니다. 한글책을 읽을 때 이해되지 않는 경우에 소리 내어 읽으면 어떤 부분을 놓쳐서 해석되지 않았는지 금방 깨달을 수 있는 것처럼요. 영어도 직접 읽는 과정을 통해 이해력을 높일 수 있습니다.

❷ 2단계의 부족한 부분을 파악할 수 있어요.

아이가 영어책을 소리 내어 읽을 때 단어 하나마다 더듬고 멈춘다면, 단어인식(Word recognition)의 자동성이 확보되지 않은 거예요. 더 많이 들려주고 따라 읽도록 해서 유창성을 향상해야 합니다.

❸ 단어를 보고, 발음하고, 스스로 표현해요.

영어라는 언어를 아이가 직접 발성해 보는 과정의 가치를 생각해볼까요? 눈으로만 읽는 것이 아니라 자신의 혀, 입술, 폐 등 자신의 신체를 사용해서 직접 경험하며 읽는 과정에서 언어를 수용하면서 동시에 표현한다는 생각을 할 수 있어요. 상품진열창으로 가방을 바라만 보는 것과 직접 가방의 질감을 만져보고 자신의 어깨에 멜 때 느낌이 다른 것과 같아요. 소리 내어 읽기를 통해 언어 경험이 풍부해지는 거예요. 자신만의 영어 읽기 목소리와 표현 방법을 찾을 수 있습니다.

다개 국어를 하는 사람들은 다른 언어를 말할 때 성격이 바뀌는 느낌이 든다고 해요. 한글을 말할 때와 영어를 말할 때 '톤과 매너'가 달라집니다. 언어에 따라 자신을 다르게 브랜딩[1]할 수 있게 됩니다. 영어로 자신을 드러내는 브랜딩은 '소리 내어 읽기' 과정부터 시작합니다. 자신의 움직임이 들어간 동적인 과정이니까요.

소리 내어 읽을 때, 다양한 감각도 함께 사용해요!

저는 학창 시절 영어 공부를 할 때, 문장을 입으로 소리 내어 말하고 몸동작으로 뜻을 표현해 보기도 했습니다. 혼자 방 안에서 다양한 감각을 사용하며 영어를 소리 내서 읽고 의미를 구성할 때 영어 공부가 재미있다는 생각을 했어요.
실제로 학습에 어려움이 있는 아이들이 신체감각을 사용했을 때, 읽기에 성공한 많은 연구 결과가 있습니다.
다중지능 이론이나 VAKT(Visual, Auditory, Kinesthetic, Tactile) 이론은 시각, 청각, 신체감각, 촉각처럼 다양한 감각을 활용한 학습의 효과를 입증합니다. 보기, 말하기, 듣기, 만지기, 따라 쓰기 등 다양한 감각을 자극해 주세요.

1 퍼스널 브랜딩(Personal Branding)은 자신을 브랜드화하여 특정 분야에 대해서 먼저 자신을 떠올릴 수 있도록 만드는 과정을 말한다. 영어를 읽을 때 자신만의 차별화되는 목소리와 톤, 억양을 나타내기 위해 '브랜딩'이란 단어를 사용해 보았다.

소리 내어 읽기를 재미있게 하려면?

'종이컵 전화기 놀이'를 해보세요. 종이컵 전화기로 또렷하게 들려오는 아이의 발음을 들어보면서 단어를 발음할 때 어떤 알파벳의 소리를 발음하기 힘들어 하는지 청각에 집중해서 알아볼 수 있습니다.

레벨 다운 읽기로 성장 과정 스스로 느끼기

유·초등 시기에 엄마표 영어에는 실력을 점수화하는 평가가 없습니다. 성적을 의식하지 않고 마음 편하게 영어를 배울 수 있지만, 아이는 자신이 성장하는 속도를 느끼지 못할 수도 있습니다. 이때 몇 달 전에 조금 버겁게 읽었던 영어 그림책을 꺼내 볼 수 있어요. 버벅거리며 읽었던 책을 지금은 감정도 넣어가며 여유롭고 유창하게 읽을 거예요.

구름이가 좋아하는 영어 그림책 중에 감정에 대한 그림책인 《Color Monster(Llenas, Anna)》가 있어요. 어느 날 소리 내어 읽고서는 이렇게 말했어요.

"엄마, 이 책이 진짜 어려웠는데 지금은 하나도 안 어렵네요. 모든 단어를 완벽하게 읽은 것 같아 뿌듯해요."

한글책도 읽을 때마다 느낌이 달라지는 것처럼 영어책도 반복해서 읽으면 다른 느낌을 줍니다. 아이는 이 그림책 표현 중에 '해처럼 노랗게 빛나고, 별처럼 반짝거리는 행복'이란 감정을 느꼈다고 해요. 영어 실력이 향상하는 것을 스스로 느낄 때 긍정적 감정과 함께 영어 자존감도 올라갑니다.

영어학습은 작은 성취감이 조금씩 쌓여갈 때 동력을 얻으며 지속됩니다. 아이가 완벽하게 읽을 수 있게 된 책에 별 모양 스티커를 붙이는 것처럼 특별한 보상을 해주세요. 이렇게 자신의 성장 과정을 스스로 관찰할 때 영어학습에 믿음이 생깁니다.

엄마는 가정에 구축한 엄마표 영어 생태계가 풍성해지게 하는 촉진자가 되어야 합니다. 칭찬 MSG를 듬뿍 뿌려주면서 상승곡선으로 전진하는 아이의 실력에 활력을 북돋아 주세요. 꾸준히 읽기를 진행하지만 한계점에 다다를 때가 분명 있습니다. 읽기의 암흑기가 올 때는 현재 수준보다 낮은 레벨의 책을 읽으면서 아이에게 성장하고 있다고 다독여 주세요.

우리 집에도 있어요. 소리 내어 읽기의 날!

'전 세계의 소리 내어 읽는 날'이 매년 2월 2일이라고 하죠?

저는 '소리'가 '오리'랑 발음이 비슷해서 오리처럼 생긴 2가 반복해 나오는 날이라고 재미있게 설명한 적이 있는데요.

특정한 날을 정해두면 소리 내어 읽는 경험이 더 특별하게 느껴질 거예요.

'우리 집은 매달 2일, 아니면 매주 화요일'처럼 특정한 날을 정해서, 이날은 직접 책을 소리 내서 읽는 과정을 핸드폰으로 녹음해보고, 다른 사람에게 들려줄 수도 있습니다.

4, 5단계 준비 과정

영어책과 PWIM으로 영어 단어 기반 세우기

4, 5단계 준비 과정 목표

- 영어 단어 꾸러미 저장소 만들기

4, 5단계 준비 과정 핵심

- 첫 영어 단어 책 사진을 쭉 훑어보며, 영어 단어로 표현해 보기

언어구분 / 언어기능	음성 언어	문자 언어
이해 기능	듣기(1단계)	읽기(2, 3단계)
표현 기능	말하기(4단계)	쓰기(5단계)

출처: 2015 개정 교육과정 교수·학습 자료(교육부)

4단계 말하기와 5단계 쓰기는 언어로 자신을 표현하는 활동입니다.

실제로 영어를 사용하는 능력을 향상하는 것이 목표입니다. 3단계까지는 외부에 있는 언어를 듣고 읽는 수용적이고 간접적인 경험이었습니다. 즉, 영어를 이해하는 능력을 향상하기 위한 활동이었어요. 하지만, 4단계부터는 자신의 내부로부터 말할 거리를 음성으로 끌어내고, 문자로 써보는 적극적이고 직접적인 경험입니다.

표현하고 싶은 내용을 언어로 옮기기 위해서는 무엇이 필요할까요? 아이가 언제든 필요할 때 꺼낼 수 있는 영어 단어꾸러미 저장소가 있어야 합니다. 4단계부터는 영어를 통해 아이가 능동적으로 자신과 세상을 연결합니다.

단어만 제대로 알면 해 아래 있는 모든 것을 표현할 수 있습니다. 아이들은 눈에 보이지 않는 추상 단어보다 눈에 보이고 만질 수 있는 구체적인 단어를 더 빨리 쉽게 익힙니다. 또 영어에 흥미를 느끼면서 영어표현법이 궁금한 순간이 찾아옵니다. 탐구하고 실험하듯 영어를 여기저기 붙여가며 놀고 싶은 호기심이 솟아오르는 시점이 있어요. 이 시기를 영어 단어 학습과 연결해 주세요.

구름이는 장난하기를 좋아해서 '똥, 방귀, 코딱지'처럼 원초적인 것을 어떻게 영어로 표현하는지 궁금해했습니다. 아이와 함께 사전에서 단어를 찾고, 발음을 듣고, 예문을 따라 읽으면서 웃었던 기억이 납니다. 언어를 배우는 과정이 즐거울 수 있도록 표현하고 싶은 대상에 제한을 두지 않고 자유롭게 다양한 단어를 탐색할 수 있습니다.

3단계까지는 아이가 '우연적 학습'을 통해서 책 속의 그림과 맥락을 보며 영어 단어의 뜻을 추측하며 익혔습니다. 4단계부터는 자신이 필요할 때 언제든 직접 꺼내 쓸 수 있도록 단어와 뜻을 확실하게 연결해야 합니다. 즉, '의도적 학습'으로 어휘의 뜻과 소리를 단어 책을 보며 정리할 수 있어야 합니다. 결국 고등학교 영어성적을 좌우하는 것은 독해력입니다. 단어를 해석할 수 없다면 글을 읽어갈 수 없습니다. 매년 많은 학생이 효율적인 영어 단어 학습법을 궁금해하며 교사에게 찾아오는 이유이기도 합니다.

아이에게 첫 영어 단어 책 선물하기

고등학교 1학년 학생에게는 직접 서점에 가서 자신에게 맞는 영어 단어 책 한 권을 고르라고 합니다. 시중에 다양하게 구성된 영어 단어 책이 있어요. 예문을 스토리로 쭉 연결해서 의미로 단어를 엮어가며 암기할 수 있도록 구성된 단어장, 영어 단어의 어원을 중심으로 편집한 단어장, 뜻과 관련된 이미지를 영어 철자 속에 연결해서 시각적으로 보여주는 단어장, 주제별로 분류하고 원어민 음성을 큐알코드를 따라가서 듣고 암기할 수 있는 단어장 등이 있습니다. 의미망 만들기, 시각·청각적인 방법 등 자신의 학습 과정에서 강점을 부각할 수 있는 구성방식의 단어장을 골라서, 매일 꾸준하게 외우는 방법을 추천하곤 했습니다. 수업 시간이나 혼자 독해 문제지를 풀 때 모르는 단어가 나오면 이 책의 유사한 단어와 연결해서 덧붙여 적어가면서 어휘를 확장하는 단권화 작업을 할 수 있어요. 수능을 준비할 때도 단어장 한 권으로 계속 반복

암기해 나간다면 영어 단어 학습에 대한 두려움을 줄일 수 있습니다.

유·초등 단어도 마찬가지입니다. 아이의 첫 번째 영어 단어 책을 선물해 주세요. 사진과 그림이 단어 뜻과 바로 연결이 되어서 영어학습의 첫걸음마를 하는 아이 수준에서 크게 벗어나지 않아야 합니다. 매일 그림책을 읽어주듯 사진과 그림에 감탄하기도 하면서 영어 단어 책을 즐겁게 접할 수 있습니다. 또한, 각 알파벳으로 시작하는 폭넓은 단어를 경험하면 나중에 꺼내 쓸 수 있는 영어 단어의 크기가 커지고 깊이가 더해집니다. 아이의 내적 저장소에 단어가 곡식처럼 차곡차곡 쌓이는 거예요.

아이와 손을 잡고 큰 서점에 가서 함께 첫 영어 단어 책을 골라보세요.

저는 중고책 서점에서 보물을 발견하듯 《DK My First Dictionary》 책을 찾고 기뻤습니다. 아이의 일상에서 만날 수 있는 1,000개의 기본 단어가 사진으로 표현되어서 좋았고, 한글로 뜻이 적혀있지 않아 더 좋았습니다. 영어로 뜻이 적혀있어 어렵게 보일 수 있어요. 하지만, 단어 뜻이 사진만으로도 분명하게 드러나기 때문에 한글을 거치지 않고 직관적이고 직접적인 방식으로 단어를 익힐 수 있습니다. 단어 뜻은 영어로 정의가 나와 있지만, 예문은 적혀있지 않아서 아이가 어려워하는 단어는 사전에서 예문을 찾아 포스트잇에 적고 붙여 두었습니다.

매일 두 쪽씩 아이와 단어를 읽어보고, 몰랐던 단어는 스티커로 표시해 보았습니다. 다음 날 단어 책을 볼 때, 전날 어렵다고 표시했던 단어들은 다시 한번 읽어보았습니다. 보통 4~5번 이상 반복하면 아이는 단어 철자와 소리, 의미를 모두 관계 맺고, 자신의 단어로 체화한 듯 보였습니다.

1,000개의 영어 단어를 아는 것과 모르는 것은 어떤 차이가 있을까요?

영어 단어를 더 많이 안다는 건 아이의 하루 중 영어를 떠올리는 시간이 늘어나는 걸 의미해요. 아침에 지각하지 않으려고 달려갈 때면 'Run'이라는 단어가 생각나고, 학교 교실 의자에 앉을 때면 'Chair'라는 단어가 떠오를 수 있어요. 이렇게 자꾸 떠오르는 단어들이 영어 말하기의 직접적인 재료가 됩니다.

기초 영어어휘 1,000개를 안다면 영어표현 실력이 도약하고 임계점을 넘을 수 있습니다. 방학처럼 아이와 더 오래 함께할 수 있는 시기가 영어 단어 실력을 향상할 수 있는 결정적인 시간입니다. 엄마와 함께 보며 손때가 묻어있고, 스티커가 붙은 아이 생애 첫 영어단어장은 기념비처럼 남습니다. 성장하면서 다시금 바라볼 때면 학교에서 배우는 어떤 단어도 모두 습득할 수 있는 용기가 생기지 않을까요?

아이의 영어단어장 활용 요령

신호등 스티커(빨강, 노랑, 초록)를 준비하세요. 영어사전에서 잘 외워지지 않는 어려운 단어는 빨간색, 아리송한 단어는 노란색, 정확히 암기한 단어는 초록색 스티커를 붙여 주세요. 빨간색 스티커 단어는 반복해서 듣고, 보면서 학습해야 합니다.

빨간색 단어를 쉽게 외우는 요령

- 포스트잇에 써서 칠판 또는 거울에 붙여서 아이들이 오가며 볼 수 있게 합니다.
- 스마트폰 클래스카드(Classcard) 앱을 사용해서, 단어 카드를 사진과 함께 만들고 반복적으로 외울 수 있습니다.
- 인터넷 사이트(www.playphrase.me)에서 암기하고 싶은 단어를 치면, 그 단어가 나왔던 영어 드라마나 영어 시트콤의 장면을 볼 수 있습니다.
- 철자와 이미지를 함께 연상합니다. 시각이 발달한 아이라면 영어 단어의 뜻을 철자에 이미지로 표현하는 타이포그래피를 만들 수 있습니다. 단어의 뜻과 관련된 자신의 경험을 표현하며 단어를 외우기 때문에 더욱 효율적으로 단어를 학습할 수 있습니다.
- 명함꽂이처럼 칸을 나눌 수 있는 플라스틱 상자를 준비하고, 잘 외워지지 않는 단어는 플래시카드로 만듭니다. 다 외운 카드는 뒤 칸으로 옮기면서 외웁니다.

사진을 이용한 PWIM으로 영어 단어 익히기

PWIM(Picture Word Inductive Model)이라는 영어 단어학습법이 있습니다. 사진에서 보이는 대상의 영어 단어를 끌어내며 어휘를 확장하는 방법입니다. 사진 속에서 가능한 많은 단어를 끌어내면서 그동안 외워왔던 단어의 총체를 모두 활용해볼 수 있습니다.

가족여행 사진이나 그림책 중에서 흥미로운 장면을 보고 단어를 생각하게 하세요.

"What can you see here?(여기서 무엇이 보이니?)"라는 질문을 사용해서 아이가 보이는 것을 영어로 표현할 기회를 주세요. 아직 영어로 표현하기 어려운 단어가 있다면 한글로 먼저 생각해보고 영어로 적어볼 수 있습니다.

예를 들어, 아이와 바다에서 모래성을 만들며 놀았던 장면 사진을 아이와 함께 보고 있다면, 하늘(Sky), 갈매기(Seagull), 모래(Sand), 바다(Sea), 파도(Wave), 성(Castle) 같은 많은 단어를 끌어낼 수 있어요.

요즘은 핸드폰이나 태블릿 PC에서 사진 위에 글자를 쓸 수 있는 기능들이 잘 되어 있어서 사진을 출력하지 않아도 화면 위에서 단어를 직접 손으로 적어볼 수 있습니다. 자신이 경험했던 추억 속 한 장면에서 영어 단어를 말해 보고 써보는 경험은 소중합니다. 훗날 해변에서 엄마랑 어떻게 모래성을 쌓고 놀았는지 영어로 표현하고 싶을 때 생각할 수 있는 단어가 많아지거든요. PWIM은 사진을 통해서 자신의 경험과 영어 단어를 관계 맺으며 어휘를 최대한 확장할 수 있는 좋은 방법입니다.

① 타이포 그래피 예시

② PWIM 예시

mountain
slope
horizon
fingers
Ocean
Wave
Swimsuit
flower
Bucket
Sand
rake
Sand Castle

4단계

일상에서 자연스럽게 영어 말하기 연습

4단계 목표

• 아이에게 익숙한 단어와 간단한 문장 구조로 영어 말하기 연습 충분히 하기

4단계 핵심

• 리더스북으로 영어문장 구조 익히기 → 소리 내어 읽기
→ '리더스 씨어터'를 통해 말하기 유창성 획득하기 → 책을 주제로 대화 나누기
→ 일상에서 영어를 발견하고 말하기 → 주제 정해서 말하기+엉뚱하게도 말해보기
→ 스마트폰 앱이나 화상영어를 활용해서 말하기 연습

어떻게 말하기 연습을 해야 할까요? 충분히 많이 듣고 읽으면 표현할 수 있다고 합니다.

영어로 말하는 과정을 알아볼까요?

우선, 표현하고 싶은 내용이 있어야 합니다. 그다음 영어의 문장 구조 안에 영어 단어를 적절하게 넣어서 올바른 발음으로 말해야 합니다. 듣기, 읽기와 같이 단순히 수용하는 것이 아니라, 말할 내용을 스스로 만들어내려면 복잡한 인지과정이 필요합니다.

보통 외국어 사용을 자전거 타기에 비유합니다. 자전거 타는 방법을 숱하게 읽고 들었어도 직접 타본 경험이 없다면 자전거에 앉아 있기는 하지만 가고 싶은 방향으로 바퀴를 똑바로 굴릴 수 없습니다. 반드시 직접 자신의 근육을 움직여서 타보는 경험이 필요합니다. 처음에는 균형 잡는 법도 잘 모르고 자꾸 넘어집니다. 말하기의 시작도 그렇습니다. 책으로 읽을 때는 편히 보고 이해했던 내용인데 내가 직접 표현하려고 하면 머리가 하얘집니다. 입이 잘 떼어지지 않고요. 그 이유는 외국인과 직접 이야기해본 경험이 적기 때문입니다. 외국인과 영어로 말하는 과정은 실시간으로 이루어집니다. 생각한 순간 곧바로 발화하므로 이전에 직접 말해 본 경험이 있는 익숙한 표현만 사용할 수 있습니다.

대학생 때 같은 과 친구들이 영어로 어떻게 말하는지 주의 깊게 관찰했습니다. 외국 국제학교에 다녀서 회화에 능통한 친구가 있었어요. 분명한 의미를 담은 쉬운 단어를 깔끔하게 사용하더라고요. 원어민 교수님도 쉬운 어휘를 유창하게 사용하셨기 때문에 우리말로 수업을 받듯 편하게 이해할 수 있었습니다. 중학교 저학년 수준의 어휘를 정확한 문장 구조에 알맞게 넣어서 표현하니 의미가 분명하고, 충분히 알아들을 수 있었습니다. 어려운 단어를 써야 할 필요가 전혀 없었어요. 어린 시절 쉬운 단어로 말하는 법을 연습하면 뇌에서 인지적 과부하 없이 크게 힘들이지 않고 영어로 말할 수 있습니다.

아이가 영어로 말하는 연습을 할 때, 어떤 문장 구조로 말해야 하는지 명시적으로 보여주세요. 차고 넘치게 많은 문장을 읽는다면 자연스럽게 문장 구조를 습득할 수 있을 거예요.

하지만, 충분한 입력(Input)이 있어도 한국어 어순으로 이야기하는 경우를 종종 봅니다. 예를 들어, "오늘 무엇을 했니?(What did you do today?)"라고 물었을 때, '동생이랑 놀았어요'를 "My sister played."로 대답했다면 단어는 알고 있지만, 영어 문장 구조를 정확히 알지 못해 한국어 어순에 따랐다는 것을 알 수 있어요.

그럼, 어떻게 아이의 머릿속에 영어 문장 구조를 세워줄 수 있을까요?

영어에는 5가지 형식의 문장이 있습니다. 영어로 말하는 시작 단계에서 간접목적어, 직접목적어가 나오는 4형식 문장을 말하기는 어렵고, 목적어와 목적격 보어가 나오는 5형식 문장은 더더욱 말하기가 어렵습니다. 리더스북의 초기 단계들 책들을 보면 1형식, 2형식, 3형식의 문장이 대부분입니다. 문장이 길어지는 경우는 1, 2, 3형식 문장에 '전치사+목적어'인 전치사구와 같은 부사구가 부연 설명을 위해 나옵니다. '주어+동사', '주어+동사+주격보어', '주어+동사+목적어'처럼 간단하고 단순한 구조가 익숙해지도록 해주세요.

문법 용어를 사용하지 않아도, 아이가 반복적으로 영어 문장을 읽으면 한글 문장과 다른 영어 문장 구조에 자연스럽게 익숙해집니다. 초등학교 3~4학년 교과서의 단일 영어 문장은 7개의 낱말 이내이고, 5~6학년은 9개의 낱말 이내라는 것을 참고한다면, 처음에는 짧은 문장들을 많이 접해보는 경험이 중요합니다.

❶ 리더스북으로 영어 문장 구조 익히기

리더스북은 읽기 연습을 하는 영어학습자들을 돕기 위해 어휘와 문장 구조를 체계적으로 제시했습니다. 따라서 어휘의 '우연적 학습'[1]과 문장 구조 학습에 적합한 책입니다. 리더스북의 문장을 잘 활용하는 요령을 터득하면 영어로 말하는데 자신감을 가질 수 있습니다.

구름이는 저와 함께 책에 색칠해 가며 문장 구조를 익혔습니다. 먼저, 리더스북인 ORT 3단계 책을 펴고 색연필을 꺼냈습니다. 각자 좋아하는 색깔의 색연필을 골랐습니다. 저는 분홍색, 아이는 파란색을 잡았어요. 명령문 이외의 문장은 주어로 시작합니다. 저는 문장 처음에 나오는 주어에 색칠하고, 아이는 뒤따르는 동사에 색칠했어요. 영어에서는 동사가 결정적으로 문장의 구조를 결정하기 때문에 영어의 동사들을 알아채는 과정이 중요합니다. 동사 색칠은 아이가 하도록 격려해 주

1 우연적 학습(Incidental Learning)과 의도적 학습(Intentional Learning)이 있다. '우연적 학습'은 언어의 입력과정(읽기, 듣기)에서 맥락을 이해하며 자연스럽게 어휘를 습득하는 것을 말한다. 이에 반해 '의도적 학습'은 명시적으로 '단어-뜻'을 암기하도록 하여, 교사가 의도해서 학습자가 배우는 것이다.

세요.

Fry의 고빈도단어 1,000개와 익숙해진 상황이라면 아이는 동사에 동그라미를 치면서 뜻도 바로 알 수 있을 거예요.

• 목적어가 곧바로 나오지 않는 1형식 동사 중 go, went, run, ran, jumped, climbed, sat, stop, laughed, play, walk, turn, fall, felt와 같은 동사가 리더스북에 빈번하게 나옵니다.

• 바로 뒤에 주격보어로 명사나 형용사를 취하는 2형식 동사에서는 'be동사(is, was, are, were), get, got, feel, felt가 자주 나오는 것을 볼 수 있어요.

• 목적어를 취하는 3형식 동사 중에서는 'like, want, get, got, find, found, tell, see, saw, take, took, pulled, put, have, had, say, called, watch, ask, begin, passed, sing' 등이 자주 보입니다.(사이트 워드에는 과거형이 더 많이 쓰여서 과거형으로 적었습니다.)

이 단어들은 사이트 워드에서 익혔던 것들이라 사실 이 단어들만 입에 붙어도 아주 간단한 회화를 할 수 있습니다.

• ORT 4단계 'Dad's Jacket'에서 'He gave the man ten pounds.'와 'The man gave the jacket to Dad.'란 문장이 나와요. 이 문장들을 읽으며 4형식 동사인 give나 gave도 문맥 속에서 간접목적어와 직접목적어 순서에 따라 3형식과 4형식으로 왔다 갔다 쓰인다는 걸 자연스럽게 익힐 수 있어요.

• 5형식 동사인 make와 keep도 초기 단계에서 쉬운 맥락과 함

께 문장으로 익힐 수 있습니다. ORT 2단계 'Hot and Cold'에서 'Fire makes us hot.' 'A freezer makes food cold.'와 같은 간결한 문장에서 make가 '~을 ~하게 만든다.'라는 5형식 구조를 만들 수 있다는 것을 암시적으로 깨닫게 되는 거죠.

ORT 3단계 'How To Be Healthy'에서 'That keeps me healthy.'란 문장이 반복적으로 나와서 keep이 '~을 ~하게 유지해 주다.'라는 5형식을 만드는 것도 같은 이치로 깨닫게 됩니다. 고등학교에서 중요하게 다뤄지는 5형식 문장 구문이 리더스북의 초기 단계부터 사진과 그림, 5단어로 이루어진 짧은 문장으로 시작한다는 점이 흥미롭습니다.

우리가 학창 시절에 배웠던 것처럼 문장의 형식을 따로 외울 필요가 없는 이유는 꽤 많은 단어가 여러 형식으로 쓰이기 때문입니다.

예를 들어 get이나 make는 1형식에서부터 5형식까지 모두 쓰입니다. 또한 형식에 따라 뜻도 달라지고요. I got home.처럼 1형식으로 쓰이면 '도착하다, 도달하다'란 뜻이고, It gets dark.처럼 2형식으로 쓰일 땐 '~되다.'란 뜻이 있어요. 'I got a new job.' 'I will get you an ice cream'처럼 3, 4형식으로 쓰이면 '~을 받다, 획득하다.'란 뜻이고, I got a house built by me.처럼 get이 5형식이면 준사역 동사로 '~하게 시키다'란 뜻을 가집니다. 이렇게 다양한 쓰임을 가진 단어도 문맥을 통해 유연하게 뜻을 유추해 가면서 익히는 경험을 할 수 있습니다.

또한 문법에 맞게 어휘가 어떻게 쓰이는지 아이 스스로 알아차리는 연습이 필요합니다. 아이가 영어로 말하는 문장들을 보며, 문법을 명시적으로 가르치지 않아도 사용할 수 있다는 걸 관찰할 수 있었어요.

예를 들어, 아이가 "I want to go outside."라고 말했어요. 이때 'want'가 'to 부정사'를 목적어로 취하는 많은 문장을 접했기 때문에 자연스럽게 'want' 뒤에 'to 부정사'가 나오는 문장을 표현할 수 있는 거예요. 아직 'to 부정사'가 문장에서 어떻게 쓰이는지 가르치지 않았지만요.

유·초등 시기에 문법 교재로 가르친다면 아이가 정확한 문장을 말해야 한다는 개념이 생기며 자유롭게 표현을 펼치는 유창성을 잃을 가능성이 있습니다. 동사 get이 '~되다'와 '~을 얻다'란 뜻으로도 사용이 되는데 다양한 문장을 통해 자연스럽게 익혔기 때문에 I got wet. I want to get some money.와 같은 문장을 말할 수 있는 거예요. 어휘의 깊이를 다양한 맥락 속에서 단어를 만나며 스스로 익힐 수 있는 과정을 격려해 주세요.

❷ 소리 내어 읽기가 말하기의 첫 단추

영어 말하기는 모방하기부터 시작합니다. 어렸을 때 두발자전거를 탔던 기억을 떠올려 볼까요? 처음에는 보조 바퀴 2개가 함께 달린 네발자전거부터 탔습니다. 어떤 식으로 페달을 밟아도 자전거가 넘어지지 않을 거라는 확신이 있었기에 자신 있게 페달을 돌릴 수 있었어요. '소리 내어 읽기'를 '영어 말하기' 자전거의 보조 바퀴라고 생각해볼까요?

'소리 내어 읽기(Read Aloud)'는 영어를 말할 때 두려움 없이 시작할 수 있는 첫 단계입니다. 그럼 말하기의 보조 바퀴를 뗄 수 있는 시점은 언제일까요? 내가 직접 입으로 말해 본 경험이 차고 넘쳐서 말하고 싶은 영어 단어들이 '혀끝(Tip of Tongue)'에 맺혀 있을 때에요. 엄마는 아이 생명의 탄생 과정뿐만 아니라 모국어나 영어가 아이 입에서 탄생해서 나가는 과정도 볼 수 있는 특권도 가지고 있습니다.

유창한 영어 말하기의 시작인 소리 내어 읽기를 어떻게 진행할 수 있을까요?

• Time: 영어로 소리 내어 읽는 시간대를 정해주세요.

• Choice: 아이가 읽고 싶어 하는 책으로 선택합니다. 집중 듣기로 들어봤던 책을 선택해서 모든 단어의 발음이 어떻게 나는지 정확히 아는 책을 읽게 안내합니다.

• Feeling: 소리 내어 읽을 때 감정을 넣어서 읽게 해주세요. 등장인물의 상황에 공감하고 몰입해야 합니다.

• Speed: 거북이, 달팽이, 개구리, 토끼, 호랑이처럼 동물을 비유하면서 읽는 속도에 변화를 주며 읽습니다. 영시 낭독을 한다면 시의 길이가 짧아서 누가 빨리 읽는지 경쟁해도 재미있을 거예요.

• Repeat: 반복해서 읽고, 영어 읽기가 익숙해지면 강세, 억양, 연음, 라임과 같은 운율(Prosody)을 충분히 느끼면서 읽을 수 있어요.

WPM으로 아이 수준에 맞는 책 찾기

WPM은 Words Per Minute으로 1분간 몇 개의 단어를 읽는지 나타냅니다. 미국의 국가읽기위원회(NRP)는 WCPM(Words Correct Per Minute)인 '1분간 정확하게 읽은 단어의 수'를 초등학생의 읽기 능력 지표로 제시합니다. 지금 스톱워치를 켜고 아이가 1분간 정확하게 읽는 단어의 개수를 세어볼까요?

다독의 읽기 평균 속도는 보통 '150WPM'라고 합니다. 1분에 150개의 단어를 정확히 읽으면서 곧바로 해석할 수 있다면 현재 다독에 적합한 레벨의 책을 읽고 있는 거예요.

자녀가 유치원이나 초등학교 저학년이라면 음독으로, 초등학교 고학년이라면 묵독으로 확인해볼 수 있습니다.

❸ '리더스 씨어터(Reader's Theater)'를 통해 말하기 유창성 획득하기

'씨어터(Theater)'는 극장입니다. 극장 무대에 올라서서 연기하듯 영어를 실감 나게 읽어보는 활동을 '리더스 씨어터'라고 합니다. 대사를 외우지 않아도 됩니다. 대본을 보면서 영어로 읽고 연기하니, 마음 편하게 유창성을 향상할 수 있는 좋은 활동입니다.

먼저, 아이가 연기하고 싶은 역할이 있는 영어 대본을 선택합니다. 아이가 그 배역이 된 것처럼 유창하게 읽는 연습을 반복해서 할 수 있도록 격려해 주세요. 연극적 요소를 가미한 읽기 연습을 하면서 영어로 말하는 재미를 느낄 수 있습니다. 읽을 때 리듬, 강약, 빠르기를 조절하는 표현력을 가미해서 단조로운 읽기가 아닌 창의성을 더한 읽기 과정을 경험할 수 있거든요. 관객이 내 앞에 있다고 생각하면 자신의 발음을 더 의식하고, 의미 전달을 위해 호흡을 조절하며 유창하게 읽는 경험을 하게 됩니다. 가족 앞에서는 실수해도 괜찮다는 생각에 마음의 안정을 얻을 수도 있고요. 가족 앞에서도 부끄러우면 아이가 스스로 핸드폰으로 영상을 찍어 볼 수도 있습니다.

리더스 씨어터로 소리 내어 읽기에 적합한 영어책 추천

- **페파피그(Peppa Pig)**: '킁'하고 콧물 들이키는 듯한 코웃음 소리가 인상적인 행복한 돼지 가족 이야기입니다. '페파피그'는 유튜브 영상으로 쉽게 접할 수 있습니다. 세계적인 인기에 걸맞게 보드북, 사운드북, 스토리북, 대본책 등 여러 버전으로 출판되었습니다.

  '리더스 씨어터'로 각자 역할을 맡아서 읽을 때는 영상 내용이 그대로 대화문으로 나오는 '대본책'을 추천합니다. 영상에서 봤던 장면과 대사가 생각이 나서 자신이 맡은 캐릭터의 역할에 몰입할 수 있습니다.

- **엘러펀트 앤 피기(Elephant & Piggie, 모 윌렘스)**: 엄마와 아이가 사려 깊은 코끼리 '제럴드'와 낙천주의자인 '피기' 역할을 맡아서, 역할 놀이하듯 상황극을 하기 좋은 책이에요. 대사에서 느껴지는 감정을 캐릭터 표정에서 바로 감지할 수 있어서 연기에 몰입하기도 좋은 책입니다. 무엇보다 AR 지수 0점에서 1점 초반대의 책으로 아이가 읽기에 쉬운 대화체로 이루어져서 표현이 익숙해지면 바로 대화를 할 수 있는 장점이 있습니다.

❹ 말하기 스텝 업 활동

방학 때 매일 아이와 영시를 읽어보세요. 호흡이 긴 책보다 몇 줄로 이루어져 있는 영시 읽기가 부담이 덜합니다. 매주 스마일 스티커를 3개씩 아이에게 나누어 주고, 일주일 동안 다른 가족 구성원에게 스티커를 붙여 주며 읽어보라고 하세요. "You are a happy listener.(당신은 행복한 경청자입니다.)"라고 하면서 스마일 스티커를 붙이며 영시를 읽어주는 활동이에요.

시가 가지고 있는 리듬감과 운율은 직접 입으로 소리 내서 읽을 때 느낄 수 있습니다. 영어 읽기의 맛이 무엇인지, 그 즐거움을 몸소 느낄 수 있을 때 영어를 학습보다는 언어 자체로 받아들일 수 있어요.

❺ 책을 읽고 말해봐. 먼저 한 단어부터

아이가 영어책을 읽고 덮었을 때, 마음속에 무언가 흔적이 남기를 바라실 거예요. 이때가 질문을 적절하게 사용할 기회입니다.

"책 속 캐릭터를 생각하면 어떤 단어가 생각나니?"

"이 책을 읽고 나니 책 제목과 표지를 보면 어떤 느낌이 드니?"

이런 질문으로 책을 읽고 난 감흥을 표현하게 해주세요.

만약 영어 말하기로 이끌고 싶다면, 우선 책 속에 나와 있는 한 단어, 한 문장부터 시작할 수 있습니다. 책을 다 읽었을 때의 감정도 물어볼 수 있습니다. 다음과 같은 질문을 해주세요.

• 마음에 남는 단어 묻기

"What words remained in your mind as you read this book?"

(이 책을 읽으면서 어떤 단어가 머릿속에 남았니?)

• 책 읽은 후의 감정 묻기

"How do you feel after you read this book?"

(이 책을 읽고 난 후 기분이 어때?)

• 어떤 이미지가 떠오르는지 묻기

"What image came to your mind after reading this book?"

(이 책을 읽고 어떤 이미지가 떠올랐니?)

이런 질문들은 책을 읽을 때 자신의 감정을 알아채도록 하고, 스스로 표현하는 연습을 할 수 있게 해줍니다. 책을 읽고 질문하는 카드 10개를 만들고, 매일 아이에게 한 개를 뽑아서 그 질문에 답하도록 해주세요. 대답하기 어려운 질문은 정답으로 이끄는 문장이나 키워드를 보여주어서 정답을 유도할 수 있습니다.

독후 영어 질문 예시 10개

❶ What is the most important sentence in this book?

(이 책에서 가장 중요한 문장은 무엇일까?)

❷ What is the main idea of this book?

(이 책의 주제는 무엇일까?)

❸ Which character would you like to meet in real life?

(어떤 등장인물을 실제로 만나고 싶니?)

❹ Do you like this book? Tell me your thoughts.

(이 책이 마음에 드니? 너의 생각을 말해봐.)

❺ How do you feel after reading this book?

(이 책을 읽고 나서 기분이 어떠니?)

❻ Tell me three things you remember.

(네가 기억하는 세 가지를 말해 봐.)

❼ What words can you use to describe the main character?

(주인공을 묘사할 때 어떤 영어 단어를 사용할 수 있을까?)

❽ What came to your mind when you read this story?

(이 책을 읽을 때 무엇이 떠올랐니?)

❾ If you could change your life with the life of a character in the book, who would you like to choose?

(만약 네가 책 속의 캐릭터와 삶을 바꿀 수 있다면, 누구를 선택하고 싶니?)

❿ Who would you like to introduce this book to?

(누구에게 이 책을 소개하고 싶니?)

❻ 일상에 보이는 것을 모두 영어로 말하는 연습

한 번 알아채고 나면 보이고 들리는 영어가 아이의 일상과 공간을 채워줍니다. 처음 몇 번의 알아차림을 엄마가 함께해주세요. 주변 영어에 대한 민감도를 높이면 하루 중 아이가 영어와 숨 쉬는 시간이 길어질 거예요.

우리 주변에서 마주치는 영어가 생각보다 많이 있습니다. 아이가 어리다면 주변에 보이는 단어에서 알파벳을 찾아보는 '아이 스파이(I Spy)' 놀이를 할 수 있습니다. 또 아이가 핸드폰으로 사진을 찍을 수 있는 나이라면 마트나 지하철과 같은 공공장소에서 주변에 보이는 영어 단어를 사진으로 찍어 오는 미션을 줄 수 있습니다. 직접 체험을 통해서 영어표현을 발견하는 즐거움을 느끼게 해주는 거예요. 이렇게 아이가 찍은 사진을 'PWIM'으로 단어 확장 연습을 할 수도 있고요.

저는 친정이 제주도여서 아이와 자주 방문합니다. 얼마 전 비행기를 탔을 때 'Fasten your seatbelt.'처럼 영어로 쓰인 안내문들을 정확히 읽어서 놀랐습니다. 'Ladies and gentleman.'으로 시작하는 기내 안내 방송에서도 자신이 아는 표현이 나오면 무슨 표현인지 알 것 같다며 골똘히 생각하는 표정을 보여주기도 했어요. 1년 전만 해도 문을 열 때 손잡이 옆에 쓰여 있는 'push', 'pull'과 같은 간단한 표현도 영어로 말해 보라고 하지 못할 만큼 영어거부감이 심했거든요. 영어만 보면 고개를 돌리던 시간을 떠올리니 아이의 영어 키가 훌쩍 자란 것 같아서 마음이 뭉클했습니다.

가게 간판, 책 제목, 제품 이름 등 한국에서도 관심이 있으면 눈에 띄는 영어 단어가 참 많습니다. 특히 여행을 가면 숙소 입구에 'Entrance' 라고 떡 하니 쓰여 방문객을 맞이할 만큼 많은 영어 단어를 보고 경험할 수 있어요. 이때 보이는 단어를 그대로 말하면서 영어 말하기와 친숙해질 수 있습니다.

❼ 매달 주제를 정해서 이야기하기

'이달의 주제(The theme of this month)'처럼 매달 한 주제로 깊이 있게 책을 읽고 아이와 이야기를 해보세요. 봄이 되면 '이달의 주제'로 '꽃'을 선정하고, 꽃과 관련된 이야기를 아이와 나눌 수 있어요. 큰 칠판 중간에 '꽃(flower)'이라고 적고, 꽃의 색상, 꽃의 향기, 꿀벌 등 생각나는 대로 영어 단어를 쭉 펼쳐봅니다. 그리고 자신이 가장 좋아하는 꽃과 그 이유를 영어로 말해 보는 시간을 가질 수 있습니다.

동물원을 방문하는 달이면 그달의 주제는 '동물', 연휴가 긴 달이면 '휴일'처럼 매달 주제를 정해서 그 주제와 관련된 대화를 영어로 해보세요.

'인성'과 관련된 주제도 정할 수 있어요. 구름이는 무엇이든 급하게 하려는 성향이 있어서, 어떤 달은 '기다림'을 주제로 정했습니다. 그달은 아이가 성급하게 이동하려고 할 때 다음과 같은 영어표현을 자주 했습니다.

"You should wait."(기다려야만 해.)

"You should count three before you move on to different things to do."(다른 걸 하기 전에 숫자 3까지 세어보자.)

아이의 성향에 맞추어 어떤 주제가 아이와 이야기 나누기 편한지 함께 생각하면 좋을 것 같아요.

매달 정하기 좋은 영어 말하기 주제 12개

계절(Seasons), 동물(Animals), 가족(Family), 감정(Feelings), 스포츠(Sports), 음식(Food), 취미(Hobby), 영화(Movies), 음악(Music), 여행(Travel), 장소(Places), 친구(Friends)

❽ 책 내용을 엉뚱하게 표현하기

영화 〈인사이드 아웃〉에서 '엉뚱 섬'을 기억하시나요? 주인공 라일리가 성장하면서 중요한 시기의 경험들이 핵심 기억으로 자리 잡으면서 '경험의 섬들'이 만들어집니다. 자신이 좋아하고 즐겼던 '하키 섬', '우정 섬', '정직 섬', '가족 섬' 이외에 '엉뚱 섬(Goofball island)'이 있었어요. 조이가 개인적으로 가장 좋아하는 섬이라던 엉뚱 섬엔 라일리가 엄마, 아빠와 엉뚱하고 웃긴 표정과 몸짓으로 웃음을 함께 나누던 시간이 있었습니다.

책 읽기 후 아이와 '엉뚱 섬'을 만들어 보는 게 어떨까요? 책의 캐릭터를 몸으로 표현하고 누구인지 추측해 보는 '몸동작 게임'을 해볼 수 있어요. "Can you guess who I am?"(내가 누구인지 알아맞힐 수 있니?)처럼 간단한 영어 질문을 하면서 몸으로 캐릭터의 성격이나 행동을 따라 해보는 활동을 하면, 아이가 더 재미있게 영어어휘 활동에 몰입할 수 있습니다.

또한, 이 책에 몇 가지 색깔이 나왔는지 질문(How many colors can you find in this book?)하거나 어떤 등장인물이 가장 옷을 멋있게 입었는지 질문(Which character wore the most fashionable clothes?)하면 다소 내용과 직접 관련이 없는 듯한 질문도 책을 읽는 흥미 요소가 될 수 있습니다.

몸동작 게임(Charade Game)

말을 전혀 하지 않고, 몸동작만으로 단어를 추측하게 합니다.

책을 읽고 내용을 정리할 때 책 내용 전개상 중요한 내용어를 몸으로 표현하며 복습할 수 있습니다.

❾ 스마트폰 앱을 활용해서 영어 말하기 연습하기

영어 말하기 연습에 유용한 스마트폰 앱이 있습니다. 저는 아이와 'Cake' 앱을 사용해서 함께 공부하고 있어요. 유튜브에 올라온 다양한 영상에서 실생활에서 쓸 수 있는 유용한 표현을 뽑아 반복해서 듣고, 입으로 따라 말하는 기능을 제공합니다. 들으면서 섞여있는 단어를 들리는 대로 맞추어 문장을 구성하는 연습을 해보는 활동도 제시하고요. 주요 표현을 녹음하고, 원어민 발음과 비교해서 발음을 분석해주는 기능도 있습니다.

구름이는 원어민의 샘플 발음을 듣고 근접하게 발성하기 위해서 노력했습니다. 이 앱에서 디즈니 애니메이션 채널을 구독하거나, '맥스 앤 루비'처럼 초보 영어 영상을 함께 보면서 섀도잉을 해보았어요. 아이가 흥미롭게 봤던 미국 영화를 앱에서 장면별로 영어로 연습하니 영어 회화 실력이 향상되는 듯했습니다.

⑩ 화상영어로 말하기 연습

구름이는 읽기 중심의 영어 노출 때문인지 말하는 데 거부감이 있었어요. 말하는 게 읽기보다 힘들다는 말도 자주 했고요. 하고 싶은 말이 쉽게 나오지 않는 것이 당연하다고 해도 그 답답함을 견디기 힘들어했습니다. 그래서 '화상영어' 수업 전에 하고 싶은 말을 영어로 먼저 써보는 연습을 하기도 했습니다. 엄마와 이야기할 때는 건성으로 했더라도, 직접 원어민과 이야기한다고 하면 더 또렷한 발음으로 열심히 말하려고 노력하는 모습을 볼 수 있었어요.

엄마가 대화하기 힘들다면 화상영어의 도움을 받고 말하기 연습을 해볼 수 있습니다. 요즘은 필리핀 화상영어도 많이 대중화되어서 가격 부담 없이 원어민과 대화를 나눌 기회를 얻을 수 있어요. 원어민 선생님께서는 아이가 주저하거나 힘들어하는 과정도 모두 이해하고 수용해주시는 포용력을 보여주셨어요. 그 덕분에 아이는 영어로 말하는 두려움을 조금씩 줄여갈 수 있었습니다. 3단계까지 충분히 연습하고 완료한 상태라면 영어로 간단한 구조의 문장을 말할 수 있는 잠재력이 있습니다. 화상영어와 같은 영어 말하기 기회를 제공해서 잠재력을 끌어올리게 해주세요.

5단계

영어 쓰기 연습

5단계 목표

- 쓰기 활동으로 영어 문장 구조(문법)를 익히고, 자신의 이야기를 자신 있게 영작하기

5단계 핵심

- 필사하기 → 고빈도 구를 넣어 영작하기
→ 책에 나온 단어들을 구성해서 영작하기, 책 서평 쓰기
→ 책을 읽고 요약문 쓰기 → 영어일기 쓰기

영어의 4가지 영역인 '말하기, 듣기, 읽기, 쓰기' 중에서 '쓰기'가 가장 어렵다고 합니다. 영어 교과서의 단원 구성에서도 쓰기 활동이 가장 마지막에 등장하는 이유이기도 해요.

고등학교 영어 내신 평가에서는 '논술형' 수행평가와 지필평가의 '서술형' 문항이 상위 4%를 변별합니다. 지필평가나 모의고사의 객관식 독해 문항을 상당히 잘 푸는 학생도, 문법에 맞는 정확한 문장을 구사하며 동시에 생각과 의견을 논리적으로 표현하는 능력이 부족한 경우가 많습니다. 한국 학생들은 평균적으로 영어 쓰기를 연습한 시간이 읽기보다 많이 부족합니다. 또한 쓰기 활동은 그동안 익혔던 문장 패턴과 어휘를 종합해서 군더더기 없이 표현하는 고차원적 사고 과정을 동반합니다.

아이가 영작 활동에 두려워하지 않도록, AR 1점대부터 영어 쓰기를 연습할 수 있습니다. 자신이 하고 싶은 말을 영어로 써서 표현할 수 있는 능력을 갖춰야 하는 이유는 무엇일까요?

첫째, 자신이 문장으로 쓸 수 있다면 영어로 말할 수도 있습니다.

둘째, 쓰는 과정에서 영어 문장의 구조를 알게 되고 문법을 스스로 익힐 수 있습니다.

셋째, 자신의 영어 성장의 역사를 기록으로 남길 수 있습니다.

❶ 영어 문장 필사하기

말하기 연습의 시작은 '소리 내어 읽기'입니다. 쓰기 연습의 시작도 책의 내용을 그대로 따라 쓰는 모방 활동인 '필사'부터 시작합니다.

첫 영어 쓰기 활동은 리더스북인 ORT 1~2단계 책의 문장들을 필사하면서 시작할 수 있어요. 1단계의 경우에 총 8쪽이고, 한쪽당 1문장씩 5단어 이내로 제시되어서 한 권을 다 필사한다고 해도 품이 많이 들지 않습니다. 만약 모든 문장을 다 써볼 수 있는 시간이 안 되는 날에는 '가장 중요한 단어'와 '가장 중요한 문장'이 무엇인지 물어보고 쓰게 해주세요.

"What is the most important word?"

(가장 중요한 단어는 뭐야?)

"What is the most important sentence?"

(가장 중요한 문장은 뭐야?)

이렇게 묻고 아이가 스스로 찾아보게 할 수 있습니다.

ORT의 경우 책의 뒤표지에 요약문이 한 문장으로 간단하게 소개되어 있습니다. 이 문장을 적어보는 것도 글의 핵심을 파악하는 데 좋은 연습이 됩니다. 과거형 문장들만 나온 리더스북이라면 현재형 문장이 나온 리더스북과 혼용하며 쓰기 연습을 할 수 있도록 해주세요.

리더스 초기 단계에는 보통 1~3형식의 문장이 나옵니다. 〈주어+동사, 주어+동사+주격보어, 주어+동사+목적어〉 이런 문장 패턴을 필사한 후, 주어와 주격보어, 목적어 자리에 다른 명사들로 바꿔 넣으면서 자신의 문장으로 확장해서 써보는 연습도 할 수 있습니다. 간단한 영어 문장을 스스로 쓸 수 있다는 작은 성취감은 영어로 써볼 만하다는 자신감으로 연결됩니다.

❷ 필사하기 확장 활동: 조금 고쳐쓰기

필사하기 활동 후 주어의 인칭(3인칭→1인칭), 문장의 시제(현재형→과거형), 명사의 수(단수형→복수형) 등을 바꿔서 '조금 고쳐쓰기' 활동은 문법 공부에도 유익합니다.

예를 들어 Tom sees a bird.(톰은 새를 본다.)라는 문장을 필사했다면, I see a bird.(나는 새를 본다) 또는 I saw birds.(나는 새들을 봤다.)처럼 간단히 문장 단어를 교체하면서 문법에 알맞게 동사의 형태나 명사의 형태를 바꾸는 연습을 하도록 해주세요

Jane gave her my pen.(제인은 그녀에게 내 펜을 주었다.)라는 문장이 있다면 'her'을 'him', 'me'로 바꾸거나 'my'를 'his', 'their', 'our'처럼 살짝 고쳐 적으면서 다양한 인칭대명사의 문법적 활용을 연습해 볼 수 있습니다.

❸ '고빈도 구' 표현을 활용한 영어 쓰기 연습

Fry의 사이트 워드 1,000개 이외에도 'Fry의 고빈도 구(Fry's Sight Word Phrases)'라는 영어책에 빈번하게 등장하는 영어 구도 있습니다. 두 단어 이상의 구를 표현하는 데 익숙하게 해주세요. '고빈도 구'를 포함한 문장을 만들어 보고, 쓰는 연습을 할 수 있습니다.

처음에는 '고빈도 구' 하나가 들어가는 문장을 쓰다가, 쓰기 실력이 향상될수록 포함하는 구의 개수를 늘릴 수 있습니다.

예를 들어, '고빈도 구'로 제시되는 처음 5개 구는 'The people,

Write it down, By the water, Who will make it?, You and I'예요. 이 구들을 적절히 조합해서 창의적인 문장으로 만들어 볼 수 있어요.

'The people by the water think they should build the bridge. Who will make it? You and I can write it down.'

(물가에 있는 사람들은 다리를 지어야 한다고 생각한다. 누가 만들지? 너와 내가 적을 수 있다.)

이처럼 고빈도 구가 들어간 문장들을 창의적으로 만든다면, 자신이 직접 써본 문장이라 기억에 더 오래 남을 수 있습니다.

❹ ABC 브레인스톰+단어를 의미별로 묶기

책을 읽은 후에 책에 나왔던 단어 중 A, B, C 알파벳 철자 순서대로 시작하는 단어들을 써보게 합니다. J, Q, X, Z로 시작하는 단어는 거의 찾을 수 없어서 제외합니다. 보물찾기를 하듯이 단어 낚시를 해서 찾아 쓰는 과정에 흥미를 느낄 수 있습니다.

단어를 쭉 적은 후에 등장인물, 소재별로 단어를 묶어볼 수 있습니다. 이렇게 단어들을 의미별로 묶는 활동을 '클러스터링(Clustering)'이라고 합니다. 의미별로 카테고리를 만들어 분류하는 인지 활동은 중·고등학교 영어 시간에 독후활동으로 많이 하는 '마인드맵' 수업 활동과 연결됩니다.

❺ 책날개에 포스트잇으로 서평 적기

영어책에 대한 소유권을 표시할 수 있을 때 책을 향한 애정이 높아집니다.

저는 영어 수업 활동을 디자인할 때 학생 각자의 고유한 경험이나 느낌을 연결하기 위해 노력합니다. 학생들은 '개별화'할 수 있는 활동에 더욱 활발하게 참여하기 때문인데요. 이때 유용하게 쓰일 수 있는 도구가 '포스트잇'입니다.

예를 들어, 책의 내용에서 느낀 감정이나 깨달은 점을 포스트잇에 적어서 책날개에 붙여두게 하세요. 서평 아래에 자신의 사인을 멋지게 할 수도 있고요. 마치 서평 전문가가 된 것처럼 자신의 이야기를 책에 덧붙이면 정복의 깃발처럼 성취감을 줍니다.

❻ 점진적으로 주제를 요약해서 쓰는 연습하기

책을 읽고 요약문을 쓰는 활동은 단순해 보여도 교육적으로 시사하는 바가 큽니다.

첫째, 최근 영어교육은 영어의 4가지 영역(듣기, 읽기, 말하기, 쓰기) 중 2가지 이상을 통합하는 활동을 강조합니다. 영어는 언어로 여러 기능을 동시에 사용할 때 의사소통 능력이 시너지 효과를 내며 발달하기 때문입니다. 크리센은 "다독은 더 나은 글쓰기로 연결된다."라며 읽기와 쓰기의 상호 연결성을 주장했습니다.

요약문 쓰기는 읽기 과정을 쓰기와 연결하는 통합활동으로, 요약문 작성을 위해 여러 번 읽으면서 두 기능이 동시에 향상됩니다.

요약문 쓰기의 장점은 무엇일까요?

첫째, 책의 내용을 바탕으로 영작하기 때문에 글쓰기에 대한 두려움을 줄일 수 있습니다.

둘째, 본문의 내용을 자신의 언어로 표현하는 과정에서 어떤 부분을 제대로 이해하지 못했는지 스스로 점검해보는 효과가 있습니다.

셋째, 요약문을 쓰기 위한 읽기 과정은 내용의 의미를 파악하기 위해 읽는 과정과 다릅니다. 중요한 내용을 파악하기 위해 책과 끊임없이 상호작용하면서 '자기 대화'를 나누고 있는 자신을 발견할 수 있어요. 이러한 대화의 결과물이 영어 요약문으로 명시적으로 나타나게 되는 거예요.

넷째, 요약문을 쓰는 과정에서 어떤 내용을 넣고 삭제할지 끊임없이 내용의 중요도를 저울질하면서 메타인지와 같은 상위인지의 발달을 도와줍니다.

이렇게 훌륭한 요약문 쓰기 활동이지만, 고등학교 학생들도 쉽게 접근하지 못하는 경우가 많습니다. 방대한 내용을 읽고, 요약문으로 간결하게 응축하는 과정에서 인지 과부하에 걸리기 쉽기 때문입니다. 사실, 영어지문을 읽고 곧바로 요약문을 쓰는 것은 성인도 어렵습니다. 요약문 쓰기를 돕는 중간 단계를 설정해 주어야 합니다.

저는 수업 시간에 학생들과 함께했던 TKS 활동을 엄마표 영어에 접목했습니다.

• T(Topic): 글의 소재입니다.

• K(Key Words): 핵심 단어를 나타냅니다.

• S(Summarization): 전체 글의 소재와 키워드를 따라가면서 최종 요약문을 완성합니다.

이 과정에서 글의 전체 구조가 머릿속에서 펼쳐지고, 중심소재에서 키워드로 뻗어나갈 수 있습니다. 사실, 핵심 단어를 글의 맥락에 맞게 종합한 내용이 요약문이기 때문에 키워드를 찾는 연습이 선행되어야 합니다. 만약 키워드를 찾기가 어렵다면 가장 빈번하게 눈에 보이는 단어를 찾을 수 있습니다.

핵심 단어를 시각화하는 '워드 클라우드(Word Cloud)' 활동

인터넷 사이트(www.wordclouds.com)에서 지문 텍스트를 넣으면 빈도수에 따라 글자 크기를 조절해서 단어 뭉치로 시각화한 '워드 클라우드'를 보여줍니다. 가장 크게 보이는 단어가 키워드일 확률이 높습니다. 아이가 키워드를 잘 찾지 못하면 이러한 활동을 활용할 수 있습니다.

❼ SWBS로 이야기 요약해 보기

책을 읽고 할 수 있는 활동으로 SWBS가 있습니다. 책 내용을 정리하는 독후활동인 '그래픽 오거나이저' 중 많이 활용하는 구조입니다.

SWBS는 'Somebody Wanted But So'로서 각 단어의 첫 글자를 딴

활동입니다. 인물, 사건, 배경이 나오는 줄거리를 가진 대부분의 이야기는 이 틀에 맞게 영작할 수 있습니다. 마지막 결과의 부연 설명을 위해 'Then(그러고 나서)'를 붙여 SWBST로 영작 활동을 할 수도 있습니다.

스케치북에 아이의 손가락을 맞대어 따라 그려보고, 다섯 손가락마다 SWBST의 머리글자를 쓰면서 요약하기도 합니다.

- S(Somebody): 책의 중심인물
- W(Wanted): 무엇을 원했고, 목표가 무엇이었는가?
- B(But): 하지만 목표를 방해하는 어떤 장애가 있었는가?
- S(So): 그래서 어떤 해결 방식으로 목표를 달성했는가?
- T(Then): 그러고 나서 어떤 일이 있었는가?

예를 들어, 상상 속의 괴물이 현실로 나타나는 책인 《Gruffalo(Julia Donaldson, Axel Scheffler)》의 줄거리를 SWBS로 요약해 보았습니다.

Somebody	A mouse
Wanted	wanted not to be a prey to a fox, an owl, and a snake by describing a horrible monster.
But	But, a mouse actually met the very monster named Gruffalo.
So	So, a mouse showed Gruffalo how much a fox, an owl, and a snake are scared when he went along with Gruffalo.
Then	Then, Gruffalo ran away from a mouse.

❽ 하루 한 줄 영어일기 쓰기

아이들은 자신의 이야기를 할 때 눈이 반짝입니다. 오감으로 경험했던 시간은 늘 머릿속에 찰랑거려서 누군가에게 표현하고 싶거든요. 이런 내용을 연결해서 써보는 첫 단계는 '하루 한 줄 영어일기 쓰기'입니다.

'Fry의 사이트 워드와 고빈도 구'를 수시로 참조하며 한 줄 영어일기를 쓰도록 응원해 주세요. 하루 한 줄이라면 큰 부담 없이 적을 수 있을 거예요. 마지막 양치를 하기 전에 한 줄 영어일기를 쓰는 것을 반복하면 어느새 루틴으로 자리 잡습니다. 일과를 정리하고 마무리하는 시점에 자신의 경험을 돌아보는 활동이에요. 하루를 뿌듯하게 살았다고 칭찬 도장을 찍는 것처럼 쓰는 일기예요.

예를 들어, 친구와 놀이터에서 놀았던 기억이 떠올라 'I played with my friends in the playground.'라고 적을 수 있어요. 간단한 영어 한 문장은 아이가 with와 in과 같은 전치사의 뜻을 정확하게 알고 있다는 걸 보여줍니다.

처음에는 5단어부터 시작해서 점점 단어의 수를 늘려갈 수 있습니다. 영어 문장 구조를 정확히 사용하기가 어렵다면 리더스북을 옆에 두고, 문장 구조를 모방하면서 단어들만 새롭게 넣으며 영작할 수 있습니다. 이 과정에서 영어 문장의 구성요소를 암묵적으로 익힐 수 있습니다.

무엇을 쓸지 고민되는 날이면, 카메라에 저장된 사진들을 보면서 단어를 끌어내는 PWIM 활동도 곁들일 수 있어요. 사진 속에 보이는 것들을 영어 단어로 표현해 보았기 때문에 더 수월하게 영작할 수 있습니다. 자신이 직접 쓴 영어일기를 소리 내어 읽어본다면 말하기 연습도 동시에 할 수 있어요. 자신이 쓴 내용은 반드시 말할 수 있기 때문입니다.

❾ 영어 문장 확장하기

처음에는 짧게 적었던 문장을 매일 단어들을 덧붙여가면서 길게 확장할 수 있습니다. 예를 들어, 첫날에 I read a book.이라고 썼던 문장을 I read a book and played the piano yesterday.처럼 and란 접속사를 사용해서 단어를 추가하고 시제를 나타내는 부사를 사용해서 문장의 길이를 연장하는 연습을 할 수 있어요.

특히, 이유를 나타내는 접속사 because를 사용하면 원인, 결과가 연결되는 수많은 경험을 표현할 수 있습니다. 예를 들어, 우선 자신의 감정을 표현하고, 그 이유를 접속사와 함께 써보게 해주세요. I am happy because I went shopping today.처럼요.

and와 because라는 접속사만큼 역접의 접속사인 but의 사용도 느껴보도록 해주세요. 문장의 흐름이 꺾이게 만드는 접속사 but을 사용하면 다채로운 감정의 하루를 표현할 수 있습니다. I was happy because I swam but I felt tired at night.처럼요. 늘어가는 문장의 길이만큼 창의성도 확장됩니다.

처음에는 문장의 길이가 짧고 간결한 문장들로 여러 내용을 표현하는 연습을 해보는 것이 중요합니다. 다양한 동작을 나타내는 여러 동사를 사용하게 하세요. 동사에 따라 달라지는 영어 문장 구조를 파악하는 데 도움이 됩니다.

⑩ A4용지로 미니 위클리 북 만들기

A4용지를 접고 자르고 붙여서 7페이지 미니 북을 만듭니다. 매일 미니 북 한쪽에 영어 한 문장을 적고 그림을 그리면 월요일부터 일요일까지 모인 위클리 북이 됩니다. 아주 간단한 책이지만 세상에 하나뿐인 자신의 이야기를 담은 영어책을 만든 거예요. 이렇게 만든 책을 전시해서 다른 사람도 읽어보게 해주세요. 영어로 책을 만들기 위해 공들인 시간만큼 보람 있는 결실을 느낄 수 있습니다.

미니 북을 만들 때, 씨앗을 심고, 싹을 틔운 후 나중에 뿌리를 뻗어 열매 맺는 멋진 나무가 되는 과정을 적어볼 수 있어요. 아이의 영어 실력이 생명력을 갖고 자라나는 과정을 상징적으로 나타낼 수 있습니다.

6단계

챕터북 세상을 열어 읽기 독립으로 이끌기

6단계 목표

- 챕터북과 함께 읽기 독립

6단계 핵심

- 키즈 영자신문과 영어독해 학습서, 그래픽 노블, 얼리 챕터북으로 챕터북 읽기 준비를 탄탄히 하기

3단계에서 읽었던 영어 그림책은 영어 문장의 내용이 그림과 일치하기 때문에 읽으면서 뜻을 이해하는 과정이 수월합니다. 매일 반복적으로 영어책을 읽으면 어느새 리더스북 ORT의 9단계도 어렵지 않게 읽는 수준이 됩니다. 이때가 그림에 의존하지 않고 진정한 영어 독해력을 키우는 시기라는 것을 잊지 마세요.

그림이 거의 없고, 영어 문장들로 빽빽하게 채워진 영어 챕터북으로 넘어가는 것은 절대 만만치 않습니다. 아이가 자신의 수준에 맞는 책들을 폭식한다 싶을 만큼 많이 읽어야 그림의 도움 없이 줄글만 읽어도 내용을 따라갈 수 있어요. 읽기 지수가 AR 3점 후반대가 되어야 챕터북을 편하게 읽을 수 있습니다. AR 2~3점대의 책들을 충분하게 읽어서 어느 페이지를 열어봐도 곧바로 읽을 수 있게 연습을 충분히 해야 합니다.

또한 아이가 영어 챕터북 읽기를 두려워하지 않으려면 문학성이 뛰어나지만 그림이 없는 한글책을 끝까지 읽은 충분한 경험이 있어야 합니다.

두꺼운 한글 소설책을 읽었던 경험을 떠올려 보세요. 초반의 지루함을 견뎌내야 이야기의 흐름에 몰입하며 독서의 즐거움을 느낄 수 있었잖아요. 그러니 아이가 외국어로 쓰인 책의 초반을 견디며 등장인물과 사건 배경에 집중해서 읽는 과정이 쉽지 않다는 걸 충분히 예상하고 잘 지도해야 합니다.

구름이도 챕터북으로 넘어가는 과정이 힘들었습니다. 이때는 같이 책을 읽는 '읽기 짝꿍'을 만들어 주거나 영어도서관 프로그램처럼 외부의 도움을 받을 수 있어요. 아이 혼자 영어책을 읽기보다는 친구들과 함께 읽으면 마음의 위안을 얻고, 책 읽기를 완주하고 싶은 동기부여가 됩니다.

책을 읽는 공간을 바꿔본다든가, 영어책의 장르를 다양하게 제시할 수도 있어요. 그동안 영어 그림책을 주로 봤다면 '창작 동화'와 같은 문학책을 읽는 것도 도움이 됩니다. 신문 기사나 과학, 경제, 문화 등 다양한 분야의 비문학 지문을 접한다면 영어 읽기 근육의 힘을 더 단단하게 키울 수 있습니다.

구름이는 '에픽(EPIC) 온라인 도서관'에서 영어책을 즐겨봤습니다. 책을 읽는 성취감을 시각적으로 보여주는 다양한 배지를 얻기 위해서 공룡, 고양이, 개, 우정, 가족 등 다양한 소재의 책을 읽었어요. 배지는 의식적으로 다양한 소재를 찾고, 읽어보려는 외적인 동기를 부여했습니다. 훗날 영어책을 편식하지 않고 읽기 위해서 어린 나이에 다양한 주제의 읽을거리를 접하게 해주세요.

❶ 챕터북을 열기 전 준비 단계

아이가 챕터북을 스스로 읽을 때 혼자 웃기도 하고, 슬픈 표정을 지으며 책에 완전히 몰입한 모습을 보면 부모로서 얼마나 뿌듯할까요? 하지만 '핸드폰 게임만큼 영어책을 자기 주도적으로 찾는 읽기 독립의 시기가 과연 우리 아이에게 찾아올까?'란 생각에 막막할 때가 많습니다. 걱정보다는 아이가 챕터북을 읽을 준비가 되었는지 살피는 과정이 더 중요합니다. 초등학교 저학년 시기는 아직 문법 공부, 시험 성적에 대한 부담을 내려놓을 수 있으므로 순전히 아이의 속도에 맞춰주세요.

요즘에는 '얼리 챕터북'처럼 챕터북 바로 전 단계의 읽기 자료를 검색해서 쉽게 알아낼 수 있습니다. 유치원과 초등 저학년을 대상으로 한 '키즈 영자신문'도 온라인과 오프라인의 '블렌디드 러닝'을 제공해서 효과적입니다. 엄마표 영어의 영어독해 학습서로 시중에 나온 책들은 지문 내용과 구성이 정말 좋습니다. 체계적으로 구성된 책 내용만 충실히 잘 따라가도 양질의 교육을 할 수 있습니다.

고등학교 영어 수업 시간에 교과서의 딱딱한 읽기 지문보다 현재 이슈를 반영하고 실생활과 밀접한 소재를 다룬 읽기 자료로 수업하고 싶어서 영자신문에서 기사를 발췌해서 학습지를 만든 적이 있습니다. 학생들의 첫 질문은 이 학습지 내용이 시험 범위에 들어가는지였고, 시험 범위 포함 여부에 따라 수업에 대한 관심과 집중도가 달라지는 것을 보았습니다. 평가가 시작되는 시점부터는 읽기 자체의 즐거움에 온전히 빠질 수 없습니다. 그러니 평가의 부담없이 읽기 자체에 몰입하고 즐길 수 있는 적절한 시기를 놓치지 마세요. 어린아이들은 부모가 생각하는 것보다 다양한 읽기 자료에 대한 포용력이 있습니다.

❷ 키즈 영자신문과 영어독해 학습서로 워밍업하기

지금은 종이 신문 구독자가 많이 사라졌지만, 어린 시절 종이 신문을 펼쳤을 때 지성인이 된 듯 뿌듯했던 느낌은 남아있습니다. 영자신문도 아이의 수준에 맞게 찾을 수 있습니다.

NE 능률 출판사에서 나온 〈NE Times Kinder〉는 매주 월요일에 발행되며 유치원에서 초등학교 2학년까지 볼 수 있게 단어 수 및 문장 난이도를 조정해서 기사를 제공합니다. 종이 신문과 함께 온라인 학습 프로그램과 어휘 테스트를 인터넷에서 활용하면 학습의 효율을 높일 수 있습니다. 샘플 신문을 무료로 먼저 받아보고, 아이가 어떻게 반응하는지 관찰해 볼 수 있어요.

이와 유사하게 〈The Kinder Times〉도 주 1회 발행되고, 세이펜처럼 신문에 펜을 대면 음성을 들을 수 있는 펜도 같이 나와서 아이가 영자신문을 스스로 읽고 들을 수 있는 학습 지원을 하고 있습니다. 샘플 기사를 신청해서 다양한 주제의 신문 기사를 읽는 경험을 하게 해주세요. 샘플 신청과 무료 체험은 엄마도 다양한 영어 읽을거리를 갖추는 좋은 기회입니다.

아이와 서점 나들이를 가서 함께 읽어볼 영어독해 학습서도 골라 볼 수 있습니다. 사진이 선명하고 재미있는 소재를 다룬 지문이 많아서 구름이는 영어책을 읽기 싫은 날은 학습서를 읽었습니다. 영자신문이나 영어독해 학습서에 나온 지문들은 정보를 전달하는 글이나 주장하는 글처럼 주제가 명료해서 더 편하게 읽을 수 있습니다. 한 단락만 읽어도 몰랐던 정보를 얻을 수 있고 상식을 넓히는 기쁨도 덤으로 느낄 수 있습니다.

아이가 신문을 읽고 새로운 사실을 알게 되었다며 뿌듯한 표정을 지을 때가 칭찬 MSG 뿌리기 타임입니다. 외국어인 영어로 읽어서 내용을 이해하고, 상식을 넓히는 아이의 성장에 칭찬을 듬뿍 해주세요.

❸ 재미있게 다가가자, 그래픽 노블

그래픽 노블은 만화와 소설의 중간 형식을 말합니다. 구름이도 어느 순간 한글 학습만화를 탐닉해서 읽는 시간이 꽤 길었습니다. '만화만 보면 어쩌지.' 하며 고민도 많이 했어요. 하지만 어느새 그림이 거의 없는 책들도 힘들이지 않고 읽는 모습을 보며, 만화가 그림책과 챕터북의 중간 교량 역할을 한다는 걸 알 수 있었어요. 영어로도 탄탄한 스토리라인을 만화형식으로 펼친 '그래픽 노블' 책이 있습니다.

챕터북으로 진입하기 위해서 AR 2점대의 책을 충분히 많이 읽는 수평선 읽기를 해야 합니다. 이때 아이가 AR 2점대의 그래픽 노블을 읽도록 해주세요. 고등학교 영어 다독 수업도 마찬가지입니다. 챕터북을 읽기 힘들어하는 학생들을 위해 레이나 텔게마이어(Raina Telgemeier)의 《Smile》, 《Sisters》, 《Ghosts》와 씨씨벨(Cece Bell)의 《El Deafo》를 사서 도서관에 비치했습니다. 확실히 학생들은 그림이 없는 챕터북이나 소설책보다 그래픽 노블을 선호했습니다. 책의 두께는 그림책보다는 두껍지만, 만화 그림의 재미있는 생동감이 읽고 싶은 홍미를 일으키거든요. 어떤 읽기 자료든 아이가 흥미를 느낀다면 허용해주세요. 영어 문장을 하나라도 더 읽어보는 경험이 중요합니다.

아직 초등 저학년이라면 사춘기를 겪으면서 쓴 자서전과 같은 내용은 아직 어려울 수 있어요.

제가 추천하는 초등 저학년을 위한 그래픽 노블은 대브 필키(Dav Pilkey)의 《Cat kid Comic Club》과 《Dog Man》입니다. 이 책들은 아름다운 스토리가 나오거나, 교육적으로 가르치고 싶은 덕목을 갖춘 책은 아니에요. 직접적이고 엉뚱하면서 창의적인 표현들이 웃게 만들어서 '재미' 자체를 느낄 수 있는 책입니다. 이 두 가지 그래픽 노블의 작가는 모두 '데이브 필키'입니다.

에픽 온라인 라이브러리에 있는 그래픽 노블인 《Noodle head》 시리즈도 재미있게 읽을 수 있습니다. 주인공이 국수 머리라 그런지 백치미가 드러나는 문장들이 곳곳에 많이 있거든요. 《Fly Guy》의 저자 테드 아놀드(Tedd Arnold)가 쓴 책인 만큼 위트가 넘칩니다.

또 다른 그래픽 노블은 《Captain Underpants》로 넷플릭스에서 본 적이 있고, 주인공이 팬티만 입은 어설픈 영웅이라서 금세 캐릭터에 흥미를 느꼈습니다. 온라인 라이브러리에 오디오북이 있어서 흘려듣기로 들려주기에 안성맞춤입니다. 아이들은 소리를 들려주는 페이지마다 실감 나게 성우가 읽어주는, 읽기 기능이 있는 그래픽 노블을 좋아합니다. 다양한 책을 온라인 라이브러리에서 탐색하고 아이가 흥미를 보이는 책을 구매하는 것도 좋은 방법입니다.

❹ 얼리 챕터북과 적응하며 챕터북 읽기 독립!

챕터북 읽기를 시작하기 전에 '얼리 챕터북'을 읽어서 갑자기 읽기 난이도가 급상승하는 느낌을 줄일 수 있습니다. 나선형으로 쭉 돌아가듯 난도를 높인다면 챕터북을 읽을 때 부담이 덜할 수 있거든요.

가장 대표적인 얼리 챕터북인 《Nate the Great》를 추천합니다. 엉덩이 탐정이 선풍적인 인기를 끄는 것처럼 탐정물은 아이들이 언제나 좋아하는 흥미 요소가 많습니다. 자신을 위대한 탐정이라고 부르는 네이트란 캐릭터의 일인칭 시점으로 쓰인 책으로 사건의 단서를 같이 찾아가는 재미가 있습니다. 음원을 함께 들으며 독서하기도 좋습니다. 원어민이 읽는 속도와 함께 독해가 동시에 이루어질 때까지 반복해서 읽으면 챕터북에 어렵지 않게 다가갈 수 있습니다.

《Horrid Henry Early Reader》도 AR 2점대의 얼리 챕터북입니다. 얄궂은 장난이 심한 주인공 헨리가 어떤 말썽을 일으키는지 보는 재미가 있습니다. 주인공이 아이와 비슷한 또래라서 책의 주인공 상황에 감정이입이 쉽고 영어 읽기에 몰입할 수 있어요.

얼리 챕터북을 읽어가면서 줄글을 충분히 읽는 연습을 했다면, 처음 읽는 챕터북으로는 AR 3점대의 《Magic Tree House》로 결정해도 무방합니다. 이 챕터북을 아이가 읽을 수 있다면 그동안의 노력이 큰 결실을 보고 있는 거예요. 《마법의 시간 여행》이라는 제목으로 한국어 번역서도 출판되어 있습니다. 하루에 한 권씩 읽을 수 있다면 크게 부담되지 않습니다. 모험이 4권씩 묶여 있으니 4권마다 읽고 독후활동도 할 수 있어요. 모험을 떠난 시대의 배경지식도 함양이 되고, 다 읽고 나면 표지만 보아도 읽었던 모험이 생생하게 눈앞에서 펼쳐집니다. 이렇게 영어로 생각을 펼칠 수 있는 장점이 두드러지는 챕터북을 아이가 읽을 수 있게 격려해 주세요.

5장

영어와 자연이 만나는 시간

왜 자연이어야 하는가?

엄마는 아이와 정서적 끈으로 연결될 때 큰 기쁨을 느낍니다. 아이를 보듬고 눈 맞추며, 떠들고 웃는 시간에 엄마는 온전히 살아있다고 느낍니다. 아이도 엄마와 나란히 마음의 쉼표를 찍는 시간이 쌓이면서 정서적으로 안정됩니다. 고도로 기술이 발달한 하이테크 사회에서 감성적이고 인간적인 따뜻함이 중시되는 '하이터치'가 주목받는 이유입니다. 영어교육에도 '하이터치'가 들어오면 어떨까요?

최근 유·초등 영어교육이 입시 영어교육만큼 과열되고 있습니다. 어쩌면 내 아이가 배우는 영어가 각박하고 인위적일 수 있어요. 영어를 사용하는 공간에 갇혀 자신의 진짜 감정을 읽지 못하고 억지로 공부하는 것은 아닐까요? 이런 어린 시절의 경험은 영어를 향한 감정을 메마르게 하거나 부정적 태도를 보이게 할 수 있습니다.

영어는 언어입니다. 자기 생각과 감정이 담긴 메시지로 세상과 소통하는 도구입니다. 먼저, 생각과 감정이 자라야 영어란 도구를 자유자재로 사용할 수 있습니다. 생각과 감정이 자양분을 받고 성장할 수 있는 공간이 필요한 이유입니다. 요즘은 콘텐츠 시대입니다. 자신만의 이야기를 만들어내는 힘이 자라나도록 자양분을 주는 토양이 바로 자연입니다.

영어와 자연이 만나게 해주세요. 자연을 소재로 하는 그림책을 자주 읽어주세요. 그다음, 책 속의 공간을 자연에서 직접 만납니다. 간단한 영어와 함께 창의적인 오감 활동을 하며 재미있고 따뜻한 기억으로 남을 만한 시간을 만들어 보세요.

〈영국 내셔널 트러스트〉는 '아이가 12살이 되기 전에 해야 할 50가지 놀이'를 언급했습니다(부록5 참조). 이 50가지가 모두 자연에서 해야 하는 거라면 놀라실 거예요. 예를 들어, 나무에 오르기, 나무 은신처나 동굴 같은 아지트 만들기, 물수제비 뜨기, 빗속에서 뛰어다니기, 진흙으로 파이 만들기, 달팽이 경주시키기 등이 있어요. 이렇게 사소해 보이지만 직접 자신의 몸을 움직여서 하는 활동이 '어린 시절 버킷리스트'에 들어가는 이유가 무엇일까요?

자연이 품고 있는 것이 무한해서 아이들이 자연에서 많은 것을 배울 수 있기 때문이에요. 특히, 상상력과 창의력이 무궁무진 확장할 수 있습니다. 자연에서 위안을 느꼈던 경험을 떠올리며 아이들은 내면의 힘이 튼튼해지는 걸 경험해볼 수 있을 거예요. 부록에 제시된 버킷리스트 50가지 활동을 주말에 하나씩 해보고, 잠자리에 들기 전 영어로 2~3줄 일기를 써보게 해보세요.

아이의 마음에 자연의 공간 마련하기

말을 더듬어 학교에서 친구들의 따가운 눈초리를 받고 의기소침해진 아이. 아빠는 아이를 데리고 강가로 갑니다.

"강물이 어떻게 흘러가는지 보이지? 너도 저 강물처럼 말한단다."

아이는 강물을 보며, 자신의 모습을 투영해봅니다.

'물거품이 일고 굽이치다가 소용돌이치고 부딪치는 강물.'

《나는 강물처럼 말해요》(조던 스콧, 시드니 스미스)에서 '강물'은 아이에게 치유의 공간입니다. 말문이 자꾸 막혀 슬퍼하던 아이가 강물의 움직임을 바라보며 유창하지 않아도 괜찮다는 위로와 격려를 얻습니다. 어른이 손잡고 이끌어 준 자연에서, 타인의 시선에 갇혀 있던 아픔과 화해하는 방법을 스스로 배웁니다. 온몸의 감각을 흐르는 강물에 맡깁니다. 더듬거리면서 흐르는 강물의 속삭임이 자신의 언어와 닮았습니다.

이 책은 작가의 자전적 경험을 썼습니다. 자연에서 민감성을 기르고,

자연이 삶에 스며들도록 공간을 마련할 때의 장점을 시적으로 묘사합니다. 신기하게도 그 장점은 '2015 개정 교육과정'이 추구하는 '6가지 핵심역량'을 모두 드러냅니다.

❶ 강물과 자신의 공통점을 자기 주도적으로 찾아내면서 자신감을 획득하고, 감정을 조절하는 '자기관리 역량'
❷ 강물의 다양한 이미지를 구체적으로 수집하고 분석하여 문제를 해결하는 '지식정보처리 역량'
❸ '강물처럼 말한다.'라는 추상적인 표현에서 강물의 일렁임과 언어의 유창성을 융합하여 사고할 수 있는 '창의적 사고 역량'
❹ 감수성과 상상력으로 강물의 속성에 공감하고 정서적 안정감을 얻는 '심미적 감성 역량'
❺ 강물이 눈앞에서 흘러가듯 구체적으로 묘사하는 '의사소통 역량'
❻ 학교 발표 시간에 용기 내어 참여하여 구성원에게 요구되는 모습을 실천하는 '공동체 역량'

《나는 강물처럼 말해요》는 현재 우리나라 영어교육이 추구하는 핵심 역량을 자연과의 상호작용에서 모두 끌어냅니다.

저는 제주가 고향입니다. 마음 안에 자연이 자리 잡는 공간이 있습니다. 직선과 뾰족한 모서리로 닫힌 무채색 건물보다 곡선과 유채색으로 열린 자연은 더 생동감이 있습니다.

한라산 능선은 큰머리를 가진 할아버지의 옆모습처럼 생겼습니다.

그 능선은 오랜 기간 마음의 지평선이 되어주었습니다. 제주 어디서나 볼 수 있는 할배산이 만들어 준 지평선 아래에서 생각하고, 돌담 쌓듯 고민을 털어놓았습니다. 바다를 보러 가면 끝없이 펼쳐진 수평선과 산의 지평선이 겹쳐지곤 했어요. 자잘한 걱정들로 좁아졌던 마음의 지평이 확장되었어요. 자연이 가진 생명력은 위안과 감동을 줍니다.

어느 날, 집 앞 작은 산에 올랐습니다. 나만의 나무를 고르고, 하트 모양을 그린 돌을 뿌리 위에 올려두었습니다. 지금도 그 나무를 찾아가 안아보곤 합니다. 나무가 사계절 변화하는 모습을 보며 시간의 흐름을 함께 느낍니다.

아이의 마음에도 자연의 공간을 만들어 주고 싶었습니다. 영어 그림책에서도 나무, 바다, 강, 하늘처럼 자연을 주제로 담은 책들을 먼저 골랐습니다. 아기를 안고 걸을 때도, 자연을 느끼며 아기의 작은 귀에 속삭였습니다.

"This is a green tree. (이건 초록 나무야.)"

"Look at the blue sky. (푸른 하늘을 보렴.)"

영어와 자연이 만나는 시간을 만들어 주세요. 아이가 묵묵히 그리고 온전히 받아들여 주는 자연과 관계 맺는 법을 배우면, '2015 개정 교육과정'이 추구하는 '6가지 핵심역량'을 스스로 터득할 수 있습니다.

자연에는 타인의 시선과 평가가 없습니다. 고유한 개별성만 존재합니다. 어린 시절 자연과 벗한 아이와 그렇지 않은 아이는 자신의 삶을 지탱하는 내면의 힘이 다를 거예요.

자연에서 오감 깨우기 활동의 핵심

공원, 숲과 들판, 산과 바다에서 아이의 감각을 깨울 수 있어야 합니다. 아이들은 어린 시절부터 핸드폰 화면을 터치하는 감각에 익숙해졌습니다. 원하는 모든 정보를 즉시 얻을 수 있는 디지털 세상과 비교해 자연은 말이 없고, 무뚝뚝하고, 불친절하게 보일 수 있어요. 하지만 우리가 먼저 오감을 열고 자연에 다가가면, 자연은 시간과 공간에 따라 다른 유·무형의 모습으로 우리에게 다가오는 매력이 있습니다.

감각과 연결된 마음의 스위치를 켜는 방법을 자연에서 먼저 느껴보는 것은 어떨까요? 자연에서 길러오는 다양한 생각과 느낌을 영어로 표현할 수 있다면 얼마나 좋을까요? 언어로 표현할 수 있는 만큼 생각의 크기도 확장됩니다.

'자연에서 영어로 퐁당' 활동을 할 때 3가지 핵심을 기억해 주세요.

❶ 관계 맺기

엄마와 아이는 핸드폰을 내려놓고, 자연과 따뜻하게 관계 맺는 경험을 합니다. 엄마가 몸소 체험하며 생각을 영어로 표현하도록 하세요. 아이는 자연스럽게 부모와 자연과 영어를 매개로 관계 맺습니다. 아이의 마음속에 오랫동안 영어가 입체적이고 긍정적인 핵심 기억과 함께 남을 수 있습니다.

❷ 자국 남기기(포트폴리오+영어일기)

자연에서 했던 모든 활동이 일회성으로 끝나지 않게 하세요. 자신이 경험하고 배우고 느낀 것을 흔적으로 남겨야 합니다. 엄마와 자연에서 함께했던 시간을 사진과 글과 같은 기록으로 남겨둡니다. 영어를 실제로 체험했던 경험은 훗날 문제집에서 영어를 만나고 해석하고 문제 풀이를 하는 지루하고 어려운 시간을 견딜 힘을 줍니다.

❸ 자신의 감정 바라보기

오감 활동을 자신의 감정, 느낌과 연결하는 과정이 필요합니다. 활동하면서 느꼈던 자신의 감정을 솔직하게 바라봅니다. 그다음 웃는 표정이나 찌푸리는 표정을 그림으로 솔직하게 표현할 수 있습니다. 자신의 예상과 달리 어떤 감정을 느꼈는지 적어볼 수 있습니다. 영어일기 쓰기가 가장 좋습니다. 영어일기 끝에는 당일 처음 알게 된 영어 단어를 써볼 수 있어요. 써본 단어는 나중에 더 쉽게 말할 수 있습니다.

영어로 말뭉치를 '코퍼스(Corpus)'라고 합니다. 영어 말하기에서 선택하는 단어들이 영어를 말하는 사람을 브랜딩한다는 생각을 했어요. 어떤 단어가 아이의 코퍼스로 쌓여가서 말로 나올지 생각해 볼 수 있어요.

구름이와 《When Sophie Gets Angry: Really, Really Angry…(Molly Bang)》라는 책을 읽어보았어요. 여기서 주인공 소피는 여동생이 화가 나게 했을 때 집 밖으로 뛰쳐나와 달립니다. 더는 뛸 수 없을 정도로 달리고, 울어요. 그랬더니 바위, 나무, 양치식물이 보이고, 새소리도 들을 수 있었어요. 커다란 너도밤나무에 올라가 저 멀리 바다에 출렁거리는 물결을 보며 위안을 얻어요. '넓은 세상이 소피를 위로해 줘요(The wide world comforts her.)' 이렇게 자연이 인간에게 주는 치유의 힘을 어릴 때부터 느껴보는 활동은 중요합니다.

[자연 활동에서 사용할 수 있는 영어표현 10가지]

1. Can you find something glittering/soft/bumpy?

   (반짝이는/부드러운/울퉁불퉁한 걸 찾아볼 수 있을까?)

2. What would you like to do with this?

   (이걸로 무엇을 하고 싶니?)

3. Why don't you go there and find something different?

   (저기 가서 다른 걸 찾아보는 건 어떨까?)

4. How do you feel after you made this one?

   (이걸 만들고 나니 어떤 느낌이 드니?)

5. What do you want to do here?

(여기서 무엇을 하고 싶니?)

6. What can you see/hear/listen/smell?

(뭐가 보이니/들리니/들리니/냄새가 나니?)

7. Can you tell me why you made this?

(이걸 왜 만들었는지 말해줄래?)

8. How about taking pictures?

(사진 찍는 건 어때?)

9. Do you remember any of the books you read?

(네가 읽은 책 중에 기억나는 게 있니?)

10. What did you find the most impressive today?

(오늘 가장 인상 깊었던 건 뭐니?)

자연 속에서 영어에 퐁당할 수 있는 20가지 활동

공원, 바닷가, 숲, 놀이터에 나가서 할 수 있는 활동 20가지를 소개합니다. 아이들이 자연에서 발견하고 가져오는 것을 영어로 하나씩 호명해 주세요. 활동할 때 간단한 지시사항은 영어로 반복해서 말한다면 아이는 영어를 듣고 말하는 과정이 금세 친숙해집니다.

❶ 자연으로 만든 알파벳과 요리(Make Natural Alphabets or Natural Cuisine)

숲에 가면 보이는 나뭇가지, 잎사귀, 돌멩이 등을 재료로 알파벳을 만들어 볼 수 있어요. 소꿉놀이를 좋아하는 아이라면 떨어진 나뭇잎과 꽃잎들을 돌로 빻기도 하면서 요리를 만들어 봅니다. 세상에서 하나뿐인 '자연 요리(Natural Cuisine)'가 탄생할 거예요.

❷ 자연 속 보물찾기(Let's Go on a Nature Scavenger Hunt)

'자연 속 보물찾기' 활동지를 인터넷에서 쉽게 찾을 수 있습니다. 새(Bird), 개미(Ant), 거미줄(Spiderweb), 솔방울(Pine cone), 통나무(Log) 등이 빙고 틀에 그려져 있는 활동지를 주면 아이들은 하나도 빠짐없이 열심히 찾으면서 빙고를 완성해 올 거예요.

❸ 자연의 탐정이 되어 보자(Be a Nature Detective)

돋보기와 카메라를 준비합니다. 가장 작은 잎(The smallest leaf)과 가장 큰 잎(The biggest leaf)을 찾아보라고 해요. 가장 진한 색 잎(The darkest leaf)과 가장 연한 색 잎(The lightest leaf)을 찾으라고 하면서 다양한 최상급 표현을 사용할 수 있어요. 돋보기로 자세히 들여다보다 처음 발견하는 신기한 식물이 있다면, 카메라로 찍어와서 엄마에게 보여달라고 하세요.

❹ 나만의 나무 찾기(Find My Own Tree)

'이건 나의 나무야(This is my tree)'라고 찜하면 나무에 애정이 생깁니다. 사계절 커가면서 변하는 나무의 모습을 관찰해보고, 나무의 줄기, 가지, 잎, 열매 등 다양한 촉감을 느껴볼 수 있습니다.

《Sky Tree(Thomas Locker)》 책을 읽으며 계절에 따라 변하는 나무의 모습을 표현하는 영어 문장들을 먼저 읽고, 영어로 나무 관찰일기를 1년간 쭉 적어볼 수 있습니다.

❺ 나뭇잎이나 나무껍질에 종이를 대고 문질러 보기(Rub the Leaves or Bark of a Tree)

크레파스와 종이를 가지고 다니며, 나뭇잎이나 나무껍질에 종이를 대고 문질러 보세요. 자연의 질감을 손으로도 느끼고 눈으로도 볼 수 있습니다.

❻ 구름을 보며 숨은그림찾기(Watch Clouds and Find What is Hidden)

아이와 잔디에 누워서 하늘의 구름을 같이 보세요. 구름이 만드는 여러 모양을 숨은그림 찾듯 볼 수 있어요. 《Little Cloud(Eric Carle)》와 《It Looked Like Spilt Milk(Charles G. Shaw)》를 먼저 읽고, 구름의 다양한 모양을 영어로 어떻게 표현하는지 책에서 먼저 읽어 봅니다. 실제로 손으로 모양을 따라 그리며 영어로 말해 봅니다.

❼ 누가 가장 멀리 볼까?(Who Will See the Furthest?)

자신이 무엇을 보는지 "I see…"라고 가까이에 보이는 것부터 번갈아 이야기합니다. 보는 대상이 점점 멀어지고, 가장 멀리 보이는 대상을 말하는 사람이 이깁니다.

❽ 눈을 감고 소리 들어보기(Listen to the Sounds around You)

잔디 위에 눈을 감고 누워서 어떤 소리가 들리는지 번갈아 가며 이야기해 봅니다.

❾ 눈을 감고, 내 몸에 느껴지는 모든 감촉과 물건을 이야기하기(Talk about Different Feelings on Your Hands)

잔디 위에 몸을 쭉 펴서 눕고, 느껴지는 모든 감촉을 말해봐요.

촉감을 나타내는 형용사는 soft, hard, sticky, smooth, rough, hot, cold, pluffy, bumpy, fuzzy 등이 있어요. 그리고 손에 무엇이 만져지는지 예측해 봅니다.

❿ 음악가가 되어서, 자연의 모든 소리를 만들어 보기(Be a Musician with Natural Instruments)

주변에 나무 막대로 두드리면 소리가 날 수 있는 것들을 자연에서 모아보세요. 자연 악기로 연주하는 세계 최초의 음악가가 되어 봅니다.

⓫ 나는 영어 단어 사냥꾼(I Am an English Word Hunter)

영어 단어 카드를 돌 틈, 풀 속 등 곳곳에 숨겨두고, 제한된 시간에 찾아오라고 합니다. 찾아와서 단어의 뜻을 정확히 말할 수 있다면 사냥 완성!

⓬ 무지개 색깔을 찾아라(Find Out Objects with Rainbow Colors)

무지개 7가지 색인 '빨, 주, 노, 초, 파, 남, 보' 색을 가진 생물을 찾게 해주세요. 자연이 가진 본연의 색을 집중하며 찾는 즐거운 시간이 될 거예요.

⑬ 뭐가 가장 어릴까, 늙었을까(Guess the Age of Creatures)

우리 주변에 가장 나이가 많은 식물, 가장 어린 식물은 어디에 있을까? 꼭 식물이 아니라 돌, 곤충, 새 등 주변에 보이는 모든 것의 나이를 추측해 볼 수 있어요.

⑭ 비슷하거나 반대인 쌍 찾기(Let's Find Pairs That Are Similar or Different)

비슷한 크기의 돌 2개나 부드러운 강아지풀과 날카로운 나무 조각처럼 비슷하거나 다른 성질을 가진 것을 한 쌍으로 찾아보는 활동입니다.

⑮ 나는 돌 수집가(I Am a Rock Collector)

돋보기를 가지고 다니면서 색깔, 크기, 모양이 각양각색인 돌을 주머니에 모아볼 수 있어요.

⑯ 향수 만들기(Make Your Own Perfume)

작은 요구르트병에 향기가 나는 열매나 꽃잎을 모아서 작은 향수를 만들어 봐요.

⑰ 질감이나 색이 다른 모래를 병 안에 여러 층으로 쌓아보기(Different Layers of Soil in a Bottle)

젖은 모래, 마른 모래, 검은 모래, 흰 모래처럼 여러 해변을 다니며 모래를 병 안에 모아봅니다.

⑱ 모래 속에 무엇이 묻혀 있을까(Guess What is Buried in a Sand.)

모래에 번갈아 가며 물체를 묻고, 스무고개처럼 무엇이 숨어 있는지 상대에게 맞혀보게 하는 활동입니다.

⑲ 모래성 쌓기 대회(The Sand Castle Contest)

누가 가장 멋진 모래성을 쌓나 대결해 봅니다. 지금까지 세상에 존재한 적이 없는 나만의 모래성을 쌓아 봅니다. 가능하면 아이의 모래성 작품을 영어로 묘사해보라고 할 수 있습니다

⑳ 나는 파브르(I am a Little Fabre)

누가 더 다양한 종류의 벌레를 찾을 수 있을까? 파브르처럼 열심히 돌 아래, 벤치 아래, 흙, 나무 틈을 살피며 곤충을 채집해 봅니다.

6장

유·초등 영어책 읽기가 고3까지 간다

유·초등 때 시작해서 고3까지 가는 '그릿 영어 독서법'

'그릿(GRIT)'은 미국의 심리학자 앤절라 더크워스가 창안한 용어입니다. IQ, 재능, 환경보다 열정과 끈기인 '그릿'이 성공을 결정한다고 합니다. 영어학습에서도 열정, 노력, 꾸준함, 일관성이 읽기 근력을 키우는 결정적인 요소입니다. 수능에서 다양한 소재의 어려운 영어지문을 빠르게 읽고 주제를 파악하기 위해서는 충분한 독서 훈련이 전제되어야 합니다.

매일 꾸준히 단 한 권이라도 영어책을 꼭 읽어야 합니다. 〈그릿 영어 독서법〉에서 'GRIT'의 각 알파벳이 나타내는 영어독서 전략도 함께 활용해 주세요. 겉핥기식의 읽기 방법이 아니라 앎과 삶을 연결 짓고, 사고를 확장하는 의미있는 읽기 방법입니다.

입시를 준비하는 고등학교 영어교육 현장의 주인공은 학생이 아니라 읽기 지문입니다. 정확히 해석하기 위해 구문을 분석하는 과정은 힘들고 지루합니다. 하지만 '그릿 읽기'로 읽기 습관을 형성한 학생은 누구보다 재미있게 수업을 들을 수 있을 거예요. 읽기 자료가 어떤 내용을 포함하든 생각의 재료로 쓸 수 있기 때문입니다. 자신의 배경지식과 영어 문해력을 활용해서 읽기 지문과 소통하는 방법을 알고 활용할 수 있습니다.

영어 1등급 아이들이 자주 활용하는 영어 읽기 전략을 접목한 '그릿 독서법'을 소개합니다.

❶ Guess(추측하라)

- 책 표지나 제목을 보며 내용을 추측하기(호기심 향상)
- 책을 읽으며 맥락을 통해 단어의 뜻 추측하기(관심)
  → 모르는 단어가 나올 때마다 멈추지 않고 지문의 포괄적인 의미를 파악합니다. 나무를 보지 않고 숲을 보기에 읽기의 즐거움을 느낄 수 있습니다. 자신이 추측했던 단어의 뜻을 사전에서 찾아 검토하고, 책 내용의 의미와 연결합니다. 스스로 의미를 생각해낸 단어이므로 기억에 오래 남아 어휘력이 향상합니다.
- 앞으로 나올 내용 추측하기
  → 책을 읽을 때 주어지는 글과 그림을 바탕으로 이어질 내용을 추측하는 읽기 전략은 능동적으로 책 내용에 몰입할 수 있게 합니다.

❷ Relate(자신과 관련을 맺어라) → '개인화' 전략

책을 읽으면서 내가 등장인물이거나 이런 상황에 부닥쳤다면 어땠을까 상상해 봅니다. 자기 삶과 관련을 맺는 거예요. 책을 쭉 훑어 읽으면서(Skimming), 자신의 경험과 어떤 공통점이 있는지 생각합니다. 이 과정은 책 읽는 과정이 가치 있고 의미 있다는 것을 알게 해줍니다.

❸ Interact(상호작용해라) → '질문하기' 전략

책 내용을 자신의 것으로 만드는 과정입니다. 글을 읽으면서 작가가 던지는 내용에 다양한 질문을 던지며 반응합니다.

❹ Talk(말해라) → '요약하기' 전략

책의 주제를 요약해서 이야기해 봅니다. 책의 내용을 자기 말로 정리하는 과정은 더 오래 기억할 수 있게 해줍니다.

이와 같은 읽기 전략을 사용하는 능동적인 책 읽기 방법이 습관이 되도록 해주세요. 수업 시간 전에 영어 교과서를 펼칩니다. 어떤 내용을 배울지 공부하는 단원의 그림을 살펴보며 추측해 봅니다(Guess). 자신과 관계를 맺어가며(Relate), 질문하고 대화하면(Interact) 자신만의 읽기 세상을 만들 수 있습니다. 수업 시간에 자신이 예측했던 내용과 맞는지 확인하면서 참여하는 능동적인 모습은 학급에 긍정적인 면학 분위기를 형성합니다. 누군가 "영어 시간에 무엇을 배웠니?"라고 물어봐도 중심내용을 압축해서 일목요연하게 말할 수도 있습니다(Talk).

영어 교과는 교육부 지침상 생활기록부의 '과목별 세부능력 및 특기사항(과세특)'을 모든 교과 선생님이 가르치는 모든 학생에게 기록해 주어야 합니다. 교사는 수업 시간에 관찰한 모습을 적게 되는데, 어떤 학생의 모습이 먼저 눈에 띌까요? 당연히 자신만의 색깔을 가지고 발표하며 능동적으로 수업에 참여한 학생입니다. 결국 '그릿 영어 독서법'을 활용하는 학생들의 생활기록부 과세특은 자기 주도적 학습 태도와 구체적 사례가 드러나며 작성될 것입니다.

고등학교 영어 교과 과목별 세부능력 및 특기사항 작성 예시

영어 과목에 흥미가 높고 평소 독서를 즐기는 학생으로 매사에 적극적이며 지적 호기심이 왕성함. 독서를 즐기는 취미가 있어 시를 쓰는 수행 과제를 좋아하고 적극적으로 참여함. 예시를 보고 스스로 시를 만들어 부모님께 선물하는 등 타의 모범이 되는 학생임. 친구를 독려하며 모둠 활동에 참여시키는 리더십을 보여주었으며 발표 내용 작성에서도 상대방의 의견과 자신의 의견을 잘 조합하는 표현을 써서 발표함. 수행 산출물에서도 친구를 자신의 모습을 보여주는 거울이라고 비유하는 매우 새롭고 다양한 표현으로 시적 창작력을 잘 드러내며 과제를 완성하였음.

영어 의사소통 능력 및 어법이 정확하며 과학 분야에 관심이 많은 학생으로

《The City of Ember》를 친구에게 추천하여 현대 과학 문명의 폐해를 비판하고 공학자의 꿈을 지닌 자신이 가져야 할 비전을 고민하는 철학적 고찰을 드러내었으며 체계적인 독서가 이루어짐을 드러냄. 발표 시에도 문법 및 철자 오류가 없이 쉬운 영어표현을 사용하여 책의 줄거리, 감명 깊은 부분과 그 이유를 잘 발표하여 친구들이 책에 큰 흥미를 보이게 함.

[출처: 한국교육과정평가원]

하지만, 이제 막 영어책과 익숙해진 어린아이들이 능숙하게 '그릿(GRIT) 읽기 방법'을 사용할 수는 없을 거예요. 책을 보며 생각하는 훈련이 충분히 되어 있어야 하거든요. 이때 엄마가 '생각 말하기(Think-aloud)' 방법을 사용하여 영어책을 어떻게 읽을 수 있는지 실제로 보여 줄 수 있습니다.

1964년 칼데콧상을 받은 《Where the Wild Things Are(모리스 센닥)》를 '그릿 읽기 방법'으로 어떻게 읽는지 예시를 보여드리겠습니다.

❶ **Guess(추측하라)**: 제목에 나온 'The wild things'는 뭐를 가리키는 걸까? '야생의 것들'이니까, 표지에 나온 '괴물'을 말하는 걸까? 아동 문학의 노벨상이라 불리는 칼데콧상 스티커가 붙어 있는 걸 보니 괴물 이야기이지만 뭔가 마음에 울림이 있을 것 같아.
맥스가 늑대 분장을 하고 벽에 못을 박으며 장난치는 장면에 'made

mischief'가 나왔으니 '장난쳤다'란 뜻으로 추측해 보자.

❷ **Relate(관계를 맺어라)**: 나는 보통 괴물을 'Monster'라고 하는데, 'Wild things'라고 하니까 더 야생적인 느낌이 난다. 맥스를 왕으로 추대하는 괴물들의 모습이 친숙해 보여서 나도 함께 놀고 싶다는 생각이 드는걸. 내가 맥스처럼 괴물들의 왕이 되었다면 어떤 느낌이 들었을까?

❸ **Interact(상호작용해라)**: 맥스의 심한 장난들을 보고 엄마가 맥스를 'Wild thing(괴물딱지)'이라고 했고, 맥스는 'I'll eat you up!(난 엄마를 먹어버릴 거야!)'라고 응수했어. 이렇게 말대꾸했다가 더 혼나지 않을까?

맥스의 방이 숲으로 변하고 있어. 우와 숲으로 꽉 채워졌네. 배를 타고 맥스는 어디로 가는 걸까? 상상의 세계가 참 멋지다.

괴물을 묘사할 때 'terrible(끔찍한)'을 반복적으로 사용하네. 나라면 똑같은 단어를 쓰기보다는 비슷한 뜻의 다른 단어를 찾아서 더 풍부하게 묘사했을 것 같아.

괴물 눈이 샛노랗고 동그란데, 섬뜩하기보다는 이상하다는 느낌이 더 들어. 왜 이렇게 그렸을까?

"Be still(멈춰 서)"라고 위엄있게 말하며 괴물을 길들이는 부분이 인상적이야. 역시 주인공 맥스가 가장 야생적이구나. 하지만 곧 우울감을 느낀 맥스는 사랑받을 수 있고, 좋은 음식 냄새가 나는 집으로 가길 원하는구나. 아무리 혼나도 집이 좋잖아. 이 점이 나랑 비슷하다.

❹ **Talk(말해라)**: 이 책의 주제를 표현하자면 '상상력의 힘, 집과 같은 곳은 없다'라고 할 수 있겠어. 영어로는 'The power of imagination', 'There is no place like home.'이라고 표현할 수 있겠다.

'그릿 읽기'를 하면 무엇보다 열정과 끈기를 가진 읽기 과정이 될 수 있어요. 자기 생각을 끊임없이 읽기 과정에 반영합니다. 마치 친구랑 대화를 나누듯 영어 읽기를 재미있게 느낄 수 있어요.

영어 단어와 뜻의 관계만 살피는 문자 해독에 머물러 있다면, 행간을 읽어내는 더 높은 독해 수준을 성취할 수 없습니다. '그릿 읽기'는 고차원의 사고력을 가질 수 있도록 생각을 확장해서 창의력을 키워줄 수 있습니다.

영포자의 진실을 밝혀라

고등학교 때 영어학습을 포기하는 일명 '영포자' 학생들이 있습니다. 이 학생들이 입시와 직결된 고3 교실에서 어떻게 학습하고 있을까요?

'영포자', '영알못', '영어 노베이스'는 영어를 인생의 걸림돌처럼 느끼며 수업 시간에 힘없이 한숨을 쉬는 학생들이 자신을 지칭할 때 쓰는 용어입니다. 영어 시간이 세상에서 가장 힘들다고 해요. 수업 시간에 다른 과목 공부를 하면 안 되는지 묻기 위해 교사를 찾아오곤 합니다.

대학보다 음악과 춤처럼 자신이 좋아하는 일을 꿈꾸는 아이들에게는 '수능 특강 문제 풀이'보다 더 실질적인 영어가 필요합니다. 팝송 영어나 여행 영어가 삶에 더 가깝게 다가오고 더 의미가 있을 거예요. 이를 알면서도 "수능 영어에서 의사소통에 필요한 표현을 챙길 수 있으니 수업을 들어라."라고 격려하는 제가 표리부동하게 느껴질 때가 있습니다.

고등학교 영어 수업 교실에서 만날 수 있는 '영포자'를 서술상 편의를 위해 3가지 유형으로 나눕니다. 여러 과목 중 영어만 포기한 학생은 '영만포자', 다른 과목도 포기하고 영어도 포기한 학생은 '영도포자', 영어를 아직 모두 포기하지 않고 중간 정도의 희망과 포기가 공존하고 있는 학생은 '영중포자'입니다.

수능 모의고사 4등급 이하의 아이들이 여기에 속할 수 있을 것 같아요. 1~3등급은 왜 들어가지 않을까요? 1~2등급의 아이들은 메타인지를 활용하는 읽기 전략을 익히고, 문제 풀이 연습을 하면 고득점을 얻을 수 있습니다. 3등급 학생들은 자신의 부족한 문제 유형을 집중적으로 연습하고, 어휘를 꾸준히 외우면서 구문 분석과 함께 읽기 연습을 매일 부지런히 하는 것이 필요합니다. 절대평가가 되면서 80점을 넘기면 2등급이 되기 때문에, 다른 교과의 등급 백분위를 맞추는 것보다 수월할 수 있어요.

영도포자: 영어 과목도 포기했어요

수업에 들어가서 출결을 확인할 때 이미 책상에 엎드려 있는 학생들이 있습니다. 학습에 대한 의지가 없고, 노력하는 모습도 보이지 않아요. 영어 수업에서 오랫동안 좌절감을 느꼈던 이 아이들은 고3이 되었을 때는 할 수 있는 것이 아무것도 없다고 생각합니다. 취업을 위한 기술을 배우는 학생도 있고요. 이 경우 어떻게든 아이의 진로와 영어를 관계 맺어 언어학습의 필요성을 일깨워주려고 합니다. 하지만 영어로 향하는 문을 쾅 닫은 상태라, 안타깝게도 어떤 빛도 들어갈 틈을 주지 않습니다.

왜 이 학생들은 영어뿐만 아니라 다른 과목들도 학습할 의욕을 잃었을까요?

모든 것은 결국 '의지'의 문제인데, 자발적으로 행동하게 하는 동력이 사라진 이유가 무엇일까요?

❶ 영어학습의 동기가 없어서 수업에 무관심합니다.

몇몇 학생이 모여서 "왜 하필 영어가 전 세계의 공용어가 되었냐?" 하며 속상해하는 대화를 들은 적이 있습니다. 마치 수학을 공부할 때 너무 힘들면 수학자 '피타고라스'가 왜 탄생했는지 근본적인 원인을 원망하는 것처럼요.

영어 공부의 의미와 가치를 찾지 못했기 때문이에요. 재미있지 않아도 스스로 해야 한다는 목적의식을 가져야 합니다. 어쩌면 처음 영어학습 출발의 시기가 늦어서, 남들보다 영어가 미숙해졌고, 그걸 지적하는 친구의 놀림이 상처가 되어, 더는 성장하지 못했을 수도 있어요. 특히 영어는 발음만 들어도 언어에 대한 능숙도를 바로 알 수 있어서 자신의 발음에 자신이 없다면 더 위축될 수 있습니다. 결국 언어학습은 타인보다 내가 나를 인정해 주는 것이 중요하다는 걸 깨달아야 합니다. 타인을 성장의 기준으로 삼으면 영어 실력은 계속 하향 곡선을 그리게 됩니다.

❷ 영어학습 과정에서 뿌듯함을 느껴보지 못했습니다.

언어를 배우는 과정은 시간이 오래 걸립니다. 장기간 지치지 않고 끈기 있게 학습을 지속하려면 뿌듯함과 같은 내적 성취감이 쌓여야 합니다. 영포자들은 영어책 한 권을 다 읽었을 때의 뿌듯함, 외국인과 영어로 의사소통을 하며 관계를 맺을 때의 만족감, 영화나 미드를 원어로 감상할 때 누리는 기쁨을 느낀 적이 거의 없습니다. 사실 이렇게 공부할 기회를 얻지 못했을 수도 있고요. 학교에서는 보통 교과서 한 권을 일 년 동안 배우기 때문에 스토리를 가지고 재미있게 쭉 몰입해서 읽어나가는 재미를 느낄 수 없죠. 영어 조각 글만 띄엄띄엄 배우니 재미있지 않고, 배움의 성취를 느끼기 힘들었을 거예요. 어렸을 때 엄마가 아이에게 영어책을 읽어주는 시간이 소중한 이유입니다.

우리 아이 영포자 방지 팁 ❶

쉬운 책을 읽으면서 자신감을 심어주세요. 긴 호흡의 책이라면 읽기 시작한 날짜, 마친 날짜를 표지에 적습니다.

저는 아이와 영어학습서처럼 한 권으로 된 독해 책을 공부할 때 표지에 시작하는 날짜와 끝내는 날짜를 네임펜으로 적곤 했어요. 한 권을 마쳤다는 성취감을 느낄 수 있습니다. 학습 중간에는 아이와 책 바닥을 보곤 해요. 함께 읽은 부분까지 손때가 묻어있잖아요. 책에 남아 있는 아이와 함께한 흔적은 소중합니다. 어떤 페이지에서는 이것저것 말하기도 하고, 음료수를 먹다 살짝 흘려서 종이가 울퉁불퉁해도 우리가 함께 영어를 만난 시간의 증거가 됩니다.

❸ 스스로 영어책 한 권을 제대로 읽어본 적이 없습니다.

단어장을 한 권 다 외워보거나 영어독해 책을 처음부터 끝까지 풀어본 경험이 적어요. 처음 한 번의 경험이 있으면 생각보다 어렵지 않다고 느껴 계속 읽어갈 수 있습니다. 그러한 경험이 전혀 없어서 영어 공부는 자신의 삶과 관련이 없다고 생각할 수 있어요.

얼마큼의 시간이 걸려도 괜찮습니다. 처음에는 두꺼운 책보다 얇은 책으로 시작하는 것이 좋습니다. 아이가 잘할 수 있다는 희망을 다독여 주세요. 유명한 책들도 좋지만, 서점에서 직접 디자인을 살펴보면서 가장 마음에 드는 책을 선택하는 것이 바람직합니다. 단어장을 선택할 때는 어느 쪽이든 폈을 때 알고 있는 단어가 절반쯤은 나와 있어야 좋아요. 그래야 이미 알고 있는 단어와 새로 외우는 단어를 엮어가며 지치지 않고 한 권 분량의 단어장을 모두 외울 수 있습니다.

❹ 영어 문장을 소리 내어 읽을 수 없습니다.

영어에는 파닉스 규칙을 따르지 않는 단어가 많아서 이전에 만나본 적이 없는 어려운 단어를 소리 내서 읽을 수 없습니다.

교직 초반에는 날짜에 따라 번호순으로 일어나서 영어 문장을 읽어보도록 했어요. 소리 내어 읽을 때 어디서 끊어 읽느냐에 따라 의미 덩어리로 묶어서 읽는 '청킹'을 볼 수 있어 유창성 정도를 알 수 있거든요. 하지만 이내 이 방법이 읽지 못하는 아이들에게는 얼마나 고통인지 깨닫게 되었습니다. 충분히 영어를 읽어보는 연습을 하지 않았다면 영어 문장을 타인 앞에서 소리 내어 읽기 전에 두려움과 같은 부정적인 감정이 엄습할 수 있거든요.

❺ 영어를 읽고, 구체적이고 창의적으로 느낌을 표현하지 못합니다.

학습자 맞춤형 학습지를 제작해서 수업에 들어갑니다. 지문에 나온 내용과 학생의 경험과 생각을 연결할 수 있는 질문을 만들어 두는데요. 이 질문에 특별한 반응이 없습니다. 공란은 채워야 하니 '재미있었다.'란 문장 정도로 자신의 목소리가 아닌, 어떤 글을 읽고도 쓸 수 있는 건조한 문장이 많아요.

책을 읽고, 자신만의 방식으로 감상을 표현하는 경험이 부족하다는 걸 알 수 있었어요. 영어로 된 글을 읽고, 깊이 들여다보고 나만의 생각과 감정을 표현하는 데 매우 서툽니다.

우리 아이 영포자 방지 팁❷

매일 아이와 영어책을 소리 내어 읽고, 단어를 외우세요. 단어를 외울 때도 발음을 정확히 소리 내어 읽으면서 외워야 합니다. 청각, 시각, 촉각 등 모든 감각을 사용해야 어휘습득의 효율이 올라갑니다. 또 읽을 수 있는 단어라야 듣기에서 들립니다. 예전에 외웠던 단어들도 흩어지지 않도록 반복적으로 외우는 것이 중요합니다. '단어-뜻'만이 아니라 예문을 함께 읽어서 실제로 어떻게 단어가 맥락에서 사용되는지 알 수 있게 해주세요.

영만포자: 영어 과목만 포기했어요

영어만 포기하는 학생 중에 수학이나 과학과 같은 이과 과목에서는 높은 성취도를 보이는 경우가 있습니다. 영어는 파닉스나 어법에서 예외가 많습니다. 그래서 정확하게 법칙에 맞게 떨어지는 것을 선호하는 성향의 학생들에게는 모호하고 흥미 없게 느껴집니다.

'영만포자'는 모호하게 해석하는 것을 견디지 못해서 모든 문장을 완벽하게 해석한 후 답을 도출하려는 모습을 보이기도 합니다. 모르는 단어를 맥락을 통해 추측하기보다는 정확한 뜻을 확실하게 알면서 풀고 싶어 해석을 보기도 합니다. 문제 풀이 시간이 오래 걸리는 이유입니다.

수능 영어 100점을 맞는 학생들도 완벽하게 해석해서 답을 도출하는 것이 아니라는 걸 알아야 해요. 추상적인 주제에 모르는 단어가 많이 등장하는 애매모호한 지문 등 최악의 읽기 자료를 연습해야 합니다. 글의 핵심을 짚어가며 알쏭달쏭한 부분을 어떻게 처리하는지 스스로 알아내야 합니다. 여러 번 등장하는 핵심어가 아니라면 정확히 해석하지 않아도 물 흐르듯 글의 흐름을 타보며 직접 부딪쳐 봐야 합니다.

또한 '영만포자'는 소리 내어 읽기보다 조용히 읽고 문제를 푸는 것을 좋아할 수도 있어요. 단어의 뜻은 알고 있지만, 정확한 발음을 몰라서 소리 내서 읽을 때는 틀리는 경우가 있습니다. 발음할 수 없는 단어는 들리지 않습니다. 중얼거리면서라도 하루에 5분이라도 영어로 읽어보세요.

수학적이고 통계적 사고를 갖춘 영만포자들이 있습니다. 이 학생들은 다른 과목과 비교해 영어성적이 잘 나오지 않아서 공부 시간 대비 성과가 더 좋은 과목을 공부하고 싶어 해요. 영어 과목을 입시에 반영하지 않는 인서울 좋은 대학의 과, 전형을 찾고, 그곳을 목표로 공부하는 학생도 적지 않아요. 하지만 영어를 포기하는 대신 대학 선택의 폭이 확 줄어듭니다.

이 학생들이 영어 과목에 좌절감을 느낄 때면 자신이 갖춘 '체계적인 사고 능력'을 영어독해에 충분히 발휘하게 해주세요. 예를 들어, 문법 강의를 먼저 들어서 영어 문장의 체계적인 구조와 틀을 만들 수 있어요. 전체 글의 논리 흐름을 파악하며 거시적으로 접근하는 체계를 만들며 학습 성장을 이끌 수 있습니다.

이과의 경우 대학에 진학한 후에도 연구 결과를 해외 저널에 게재할 수도 있어요. 많은 연구 결과들도 영어로 기록되어 있으므로 자료를 수집하기 위해서 국제저널을 읽고 요약할 수 있어야 합니다. 이과 계열 진학을 희망해도 영어는 반드시 공부해야 하는 과목이란 걸 잊지 마세요.

영중포자: 영어 과목을 아직 포기하지 못했어요

'영중포자'는 영어에서 자신의 취약한 부분을 알고, 성장하고 싶은 의지가 있는 학생입니다. 중학교까지는 교과서를 통째로 암기하는 방법으로 시험 준비를 하고, 좋은 성적을 받았을지도 모릅니다. 과정 중심평가인 수행평가의 점수는 성실도에 비례하기 때문에 절대평가 방식에서는 좋은 점수를 받았을 거예요.

하지만 고등학교부터는 상대평가로 등급이 나뉘고, 학년이 올라갈 때마다 난도가 가파르게 상승합니다. 고등학교 3학년 때 'EBS 수능 특강 영어영역' 책의 지문들을 보면 눈이 휘둥그레집니다. 문장의 길이가 길고 구조도 복잡해서 한글 해석을 읽어도 이해되지 않는 난해한 글이 줄지어 있거든요. 그나마 붙잡고 있던 절반의 희망이 사라지는 듯합니다. 이러한 학생들의 공통점을 생각해보았습니다.

❶ 단어의 뜻을 조합하는 방식으로 문장을 해석합니다. 문장의 구조를 정확히 분석하고, 해석하기보다는 자신이 알고 있는 단어 뜻을 여기저기 붙여가며 해석하기 때문에 정확도가 떨어집니다.

❷ 어휘를 유연하게 사용하지 못합니다. '영어 단어-한글 뜻'의 조합으로만 단어 뜻을 반복적으로 외웠습니다. 하나의 단어도 실제 문장에서는 여러 가지 뜻으로 쓰입니다. 맥락을 보고 단어의 뜻을 확장하며 유연하게 해석해야 하는데, 외웠던 뜻으로만 국한해서 해석하려고 하니 유창하게 쭉쭉 읽어가지 못하고 읽기 흐름이 툭툭 끊기고 막힙니다.

❸ 영어 문장을 읽으면서 바로 해석이 되지 않고, 읽어도 뜻이 분명하게 잡히지 않아서 처음부터 계속 다시 읽습니다. 읽으면서 내용을 정리·요약·종합하는 고차원의 사고 과정 연습이 되어 있지 않아서 계속 같은 문장을 반복해 읽습니다.

❹ 늘 영어 시험시간이 부족합니다. 많이 준비했기 때문에 더 오래 문제를 붙들고 답을 찾기 위해 안간힘을 씁니다. 문제의 난이도에 따라 적절하게 풀이 시간을 배분하지 못하는 경우가 많습니다.

'영중포자' 학생들은 수도권대학을 위해 영어 3등급 이내를 희망합니다. 영어를 싫어하지 않습니다. 단지 방법과 방향을 잘 알지 못해서 노력보다 점수가 잘 나오지 않았을 뿐 희망이 있습니다. 이 학생은 친구들과 학습동아리를 만들어서 자신이 읽은 지문을 타인에게 직접 가르치는 활동을 하는 게 좋습니다. 만약 친구에게 가르치는 것이 부끄러우면 문제를 풀면서 어떤 생각을 하면서 푸는지 입으로 말하며 녹음해봅니다. 어떤 문장에서 해석이 막히고, 어떤 지점에서 생각을 논리적으로 펼치지 못해 막혔는지 알 수 있습니다.

영어 문장을 읽고 해석하면서 내용의 요점을 잡아 간추리고, 연결되는 문장의 내용을 체계적으로 종합할 수 있어야 합니다. 공부하고 있는 지문을 음원으로 다운받아 반복해서 들어보세요. 듣는 속도에 맞춰서 해석해 보는 연습을 하는 거예요. 정확히 해석하지 못해도 어떤 뜻인지 핵심을 짚어가며 읽는 유창성 읽기 방법으로, 매일 영어를 듣고, 읽고, 문제 풀이를 해야 합니다. 취약한 부분을 정확히 알고 성장의 계기로 삼아야 합니다.

"나는 영포자야."라고 말하는 순간, 영어에 대해 나도 모르게 부정적인 프레임이 씌워집니다. 노력해도 극복할 수 없는 과목처럼 아득하게 느껴질 수 있어요. 엄마도 무의식중에 "나도 학창 시절에 영어포기자였어."라는 말을 하지 않도록 주의하세요. 영어 공부하는 데 많은 어려움이 있었지만 어떻게 극복했는지 그 부분에 초점을 맞추어 이야기하는 것이 좋습니다.

엄마표 영어를 학생부 종합전형까지 연결하기

현재 대학입시와 연결하기 위해 유·초등 영어의 큰 그림을 어떻게 그려야 할까요?

데니스 웨이틀리(Denis Waitley)는 이렇게 말했습니다.

"지나간 모든 것은 성장하기 위한 배움의 경험이거나 반추하기 위한 아름다운 기억이거나 행동하도록 동기를 유발하는 요소가 된다."

저는 이 말을 읽으며 아이가 어릴 때 엄마와 영어를 함께 공부했던 경험도 인생 전반에 영향을 미칠 수 있다고 생각했어요. 아이가 훗날 이렇게 말하기를 소망해요.

"엄마와 함께 영어를 읽었던 모든 시간은 영어 문해력과 의사소통 능력이 향상하는 배움의 경험이었어요. 엄마 무릎에 앉아 읽던 영어 그림책은 아름다운 기억으로 남았어요. 저를 위해 품을 내주셨던 노고를 생각하니 앞으로도 영어를 열심히 배워야겠다는 동기가 고조됩니다."

사실 엄마가 모든 걸 다 계획하고 실행하는 느낌이 나는 '엄마표 영어'라는 명칭보다 '우리 아이 맞춤형 영어교육'이 더 적합한 것 같습니다. 영어독서의 자율성을 어린 시기부터 키워왔다면, '학생부 종합전형'이나 '고교학점제'처럼 고등학교 때 맞닥을 입시 관련 큰 과정들도 의연하게 헤쳐갈 수 있을 거라 믿습니다. 매일 성실하게 차곡차곡 실력을 쌓아간다면 자신의 미래를 스스로 당차게 준비할 수 있을 거예요.

학부모 세대는 수능 점수로 대학에 진학한 경우가 많습니다. 그래서 현재 고3 학생들이 수시전형 중 '학생부 종합전형(학종)'으로 대학에 합격했다고 할 때 용어 자체가 생소하게 들립니다.

유·초등 영어 사교육 시장이 과열되는 이유는 수요가 많기 때문입니다. 영어를 일찍 가르치는 여러 이유가 있겠지만, 결국에는 아이의 입시에서 영어가 알파와 오메가 역할을 하기를 원하지 않을까요?

2024년 입시부터 '자기소개서'가 폐지되고, 생활기록부에서 수상 내역, 독서 활동, 개인 봉사활동, 영재·발명 교육 실적 등을 대입에 반영하지 않는다고 합니다. 고등학교 담임교사와 교과교사가 창의적 체험활동 시간과 수업 시간에 관찰하고 작성하는 내용의 중요성이 더욱 크게 부각됩니다. 초등학교 학부모들도 고등학교 생활 전반을 기록하는 '생활기록부'에 큰 관심이 쏠립니다. 입시와의 긴밀한 관련성 때문입니다.

수시에서 '학생부 교과전형'과 '학생부 종합전형'이 학교생활기록부를 반영하는데, '학생부 교과전형'은 생활기록부의 '성적(석차, 성취도)'만 정량적으로 평가합니다. 따라서 생활기록부를 종합적이고 정성적으로 평가하는 '학생부 종합전형'의 평가 기준을 바탕으로 입시까지 큰 그림을 그려보겠습니다.

'학생부 종합전형'의 서류평가 4요소에는 학업 역량(성적), 전공 적합성, 발전 가능성, 인성이 있습니다.

❶ 학업 역량

학업 역량은 학업성취를 살펴보는 것으로 과목 원점수, 평균, 표준편차, 이수자를 모두 고려해서 학업적 성취 능력을 평가합니다. 학종의 평균 경쟁률은 10대 1이 넘기 때문에 비슷한 성적을 가진 학생들이 많이 분포합니다. 이 경우 학기별, 학년별 성적이 어떤 추세로 향상하는지를 봅니다. 계속 상향 그래프를 그리는 학생이라면 지적 호기심이 있고, 주도적으로 자신에게 부족한 부분이 무엇인지 알고 성장동력과 의지를 갖추었다는 걸 나타냅니다.

영어 교과는 지필평가와 수행평가 점수를 합산하여 산출합니다. 평소 다독을 통해 배경지식을 쌓고, 글을 종합적이고 논리적인 구조로 펼쳐가며 읽는 연습을 하고 영어 문해력을 향상시켜 온 학생들은 평가에서 탁월한 수행력을 보여주었습니다.

'그릿(GRIT) 읽기'의 핵심이 무엇이었을까요? 바로 메타인지의 사용입니다. 어렸을 때부터 엄마가 이끌어 주되, 자기 주도적으로 책 읽기를 했던 아이들은 성적 향상을 위해 필요한 것이 무엇인지 자신이 가장 잘 알고 있습니다. 도전하고 변화하면서 성장하는 힘을 길렀기 때문입니다. 물론 실패해도 옆에서 든든하게 지켜주는 엄마가 주는 정서적인 안정감도 큰 몫을 했을 거예요.

❷ 전공 적합성: 목표 의식

자녀가 목표 의식을 가질 수 있도록 대화를 많이 해주세요. 사실 '전공 적합성'이란 내가 지원하는 학과가 추구하는 인재상에 부합하도록 학교생활에서 어떻게 관심과 노력을 기울였는지를 보여주는 거예요.

하지만 우리 아이들은 아직 어려서, 대학과 학과에 대해 구체적인 그림을 벌써 그릴 필요는 없어요. 구름이는 '비누 만드는 공방 주인'이 꿈이니까, 중·고등학교 학생들만큼 현실적이고 구체적인 진로 희망을 품고 있지 않은 거죠.

어릴 때부터 '목표 의식'을 키워줄 수 있습니다. 행동할 때 도달하고 싶은 '목적'이 무엇인지 생각하게끔 해주는 거예요. 매일 영어책을 읽는 것이 늘 재미있고 하고 싶은 일은 아닙니다. 때로는 견뎌내야 합니다. '왜 영어책을 읽어야 하는가'에 대한 '목적, 목표'를 아이와 대화를 나누며 생각해보세요. 그러면 아이의 삶에 우선순위가 생깁니다.

내가 왜 이 행동을 해야 하는지에 대한 궁극적인 목표가 생기면, 스스로 어떻게 그 목표를 이룰지 방법을 생각하게 됩니다. 지치고 힘든 순간에도 행동으로 옮겼을 때의 가치를 발견하며 꾸준히 애쓰도록 동기부여를 해주세요.

대학 학과를 궁금해하는 초등학생이라면

예를 들어, 아이가 다중지능 중 시각적 능력이 뛰어나고, 자신이 직접 물건을 디자인하고 싶다는 희망을 나타낼 수 있어요. 그럴 때는 '대학 정보 포털 어디가' 사이트에 들어가서 '대학, 학과 전형'에서 '미술, 디자인'과 같은 키워드를 넣고 검색해봅니다. 그럼 미술, 디자인 학부가 나오고, 연관 학과 이름을 누르면 각 과의 교육 목표와 인재상을 볼 수 있습니다. '미래를 지향하는 지성인'을 양성하는 것이 교육 목표로 '세계화 시대에 능동적으로 대처할 수 있도록 외국어 구사 능력을 갖춘 인재를 양성한다.'라고 쓰여 있습니다.

학과 대부분이 세계화, 정보화 시대를 주도하는 미래지향적인 사고를 갖춘 사람을 추구합니다. 교육과정 및 진로 취업 분야까지 자세히 볼 수 있습니다. 거의 모든 학과가 글로벌, 세계화 인재를 추구하는 점을 보면 영어 의사소통 능력이 있는 학생을 뽑는다는 걸 알 수 있습니다. 국제적 감각과 리더십을 겸비하며, 문제해결력이 있는 사람을 원합니다.

고3 아이들을 가르치고, 진학지도를 오랫동안 하면서 가장 절실하게 느끼는 것은 아이들이 좋은 대학에 가기 위해 자신이 원하는 학과를 포기한다는 거예요. 제가 담임이었던 반은 일본어 선택 반이었는데, 원하는 대학을 가기 위해 '불어불문학과'를 지원한 친구도 있었어요.

이렇게 어린 시기부터 가고 싶은 학과를 탐색해 본다면 대학의 이름보다, 전공 학과에서 배우고 싶은 교육과정에 더 깊은 관심을 가지게 될 거예요.

❸ 발전 가능성: 자기 주도성

입학 사정관은 학생의 생활기록부를 쭉 살펴보면서 어떤 내용에 중점을 둘까요? 학생이 학교에서 제공하는 활동만 수동적으로 참여했는지, 목표와 희망을 품고 자기 주도적이고 구체적으로 진로 계획을 실현했는지를 봅니다. 특히 사교육에 의존하지 않고, 자신이 희망하는 진로를 탐구하기 위해 어떤 구체적인 노력을 기울였는지 살펴보죠. 자기 주도적인 실행 능력이 바로 발전 가능성을 나타내는 지표가 됩니다.

만약 '엄마표 영어'의 주도권을 엄마만 가지고 있다면, 아이는 수동적으로 지시만 따르는 행동이 습관화될지 모릅니다. 대학에서는 수동적인 학생은 원하지 않습니다. 특색이 없고 소극적일 때 발전 가능성이 작다고 봅니다.

아이에게 잔소리하기보다는 '독립된 인격체'로 수용해 주세요. 아이가 읽고 싶은 책을 주도적으로 고르게 합니다. 스스로 시행착오를 겪으며 자신이 좋아하는 책을 찾아가는 과정은 자신의 흥미와 관심사를 깊게 관찰하고 찾을 수 있게 도와줍니다.

스스로 배움의 촉수를 달고, 자신이 좋아하는 영어책을 탐독하도록 기회를 준다면 자신이 주도적으로 참여하고 수행했을 때 어떤 변화와 성장이 있는지 스스로 느낄 수 있습니다. 타인 주도가 아니라 내가 스스로 선택하고 책임을 지는 거죠. 언어는 결국 스스로 체화하면서 습득해야 합니다. 아이가 주도하지 않으면 성공할 수 없습니다.

나중에 "내가 무엇을 해야 하더라?"라고 묻는 게 아니라 "나 뭐 하고 싶어."라고 대화를 시작하는 인재가 되도록 주도적인 행동을 듬뿍 칭찬해 주세요.

❹ 인성: 공동체 의식, 성실성

고등학교 교사가 생각하는 '인성이 훌륭한 학생'이란 자신의 배움을 다른 사람과 기꺼이 나누는 학생입니다. 모둠수업을 하면 혼자 완성하고 다른 공부를 하는 학생이 있고, 친구가 이해할 수 있게 쉬운 언어로 가르쳐 주면서 자신이 아는 바를 아낌없이 나누는 학생도 있습니다. 후자는 진정으로 배우고, 나누고, 가치 있는 것을 이루는 모습을 실제로 보여주는 학생들이에요. 남에게 보여주기 위해서 선(善)을 행하는 것이 아니라, 본인만의 내적인 도덕 기준이 있어서 공동체를 위해 일하는 모습이 잘 드러나는 거죠. 이런 학생들은 교사의 눈에 들어옵니다. 교과교사라면 생활기록부의 '과목별 세부능력 및 특기사항'에, 담임교사라면 '행동 특성 및 종합의견'에 칭찬의 향연으로 꽉 채워져 있을 거예요.

내면에 단단한 힘이 있어서 갈등 상황에서도 침착하게 해결하고, 중재하기 위해 애쓰는 아이로 어떻게 키울 수 있을까요?

아이와 읽을 영어책을 선정할 때, 인성 관련 책을 자주 골라주세요. 책 속의 주인공에게서 드러나는 따뜻한 공동체 의식을 자기 전에 함께 이야기 나누어보는 것도 좋습니다. 약자의 시선에서 세상을 보는 힘을 영어책을 통해 키워줄 수 있습니다.

엄마표 영어에서 고교학점제까지 연결하기

2025년부터 '고교학점제'가 전면 시행됩니다. 현재 유·초등 아이들이 고등학교에 입학해서 받는 교육은 지금처럼 한 반의 아이들이 똑같은 시간표의 수업을 받지 않습니다. 대학교 수업처럼 자신이 듣고 싶은 과목을 선택해서 공부하는 맞춤형 학점제로 전면 바뀌어 있을 거예요. 고교학점제는 학생에게 선택권을 주고, 자신의 진로 분야와 관련된 과목을 선택하고 이수하는 제도입니다. 현재의 입시제도와 고등학교 교육의 패러다임이 근본적으로 바뀝니다. 표준화, 획일화, 서열화의 근대주의 교육을 무너뜨리고 미래지향 교육을 추구하기 위해 학생의 개별성을 존중하는 교육을 지향합니다.

사실, 수능의 상극이 고교학점제입니다. 수능은 객관식 점수로 응시생을 서열화합니다. 고등학교에서 마음껏 교육활동을 할 수 없었던 가장 큰 이유는 '입시'입니다. 12년간의 교육의 결실이 입시 결과로 드러난다는 중압감에 수능을 준비하는 교재와 수업방식을 채택하는 경우가 많았죠. 입시가 변하지 않으면 고교학점제도 정상적으로 운영될 수 없기에 교육부는 2024년에 2028년부터 변하는 입시를 발표한다고 합니다.

그럼, 고교학점제에 대비하여 초등학교 때부터 영어 과목을 어떻게 준비해야 할까요?

우선 고등학교 1학년에는 전교생이 똑같이 국어, 영어, 수학, 사회, 과학의 공통과목을 배웁니다. 1학년의 성적은 현재와 같은 등급제로 산출됩니다. 2, 3학년부터는 자신의 진로와 적성에 맞게 선택해서 듣습니다. 선택 교과는 성취평가제를 적용합니다. 학업성취율 40%를 달성했는지에 따라서 이수/미이수로 나뉩니다. 수업에 불성실하게 참여하는 학생들은 성취기준에 도달하지 못해 보충 프로그램을 듣고 학점을 취득해야 졸업할 수 있습니다.

따라서 대학에서 등급을 가지고 확인할 수 있는 과목이 1학년 공통과목인 국어, 영어, 수학, 사회, 과학으로 1학년 영어의 석차와 등급의 중요성이 더 두드러질 수 있습니다.

영어 선택과목들을 살펴보면, 비판적 사고력과 창의성 같은 미래역량을 키워나가는 것이 목표인 '2022년 개정 교육과정'의 특색을 가지고 있습니다. 선택과목은 성취평가제로 과정 중심의 평가가 이루어집니다. 교과서 본문을 외우고, 문법 분석을 위해 문장을 분해하는 학습 활동은 더는 필요하지 않습니다.

공통과목	기본영어 1, 2, 공통영어 1, 2
일반 선택과목	영어 1, 2, 영어독해와 작문
융합 선택과목	실생활영어 회화, 미디어영어, 세계문화와 영어
진로 선택과목	영미문학 읽기, 영어발표와 토론, 직무영어, 심화영어, 심화영어 독해와 작문

2022 개정 교육과정 총론 주요사항(교육부)

고교학점제를 대비해서 준비해야 할 소양은 다음과 같습니다.

❶ 비판적 사고, 창의적 사고

아이와 영어책을 읽으면서 열린 질문을 많이 해주세요. 답이 정해진 닫힌 질문보다는 아이의 창의성을 건드려서 틀 밖에서 생각할 수 있는 열린 질문이 좋습니다.

예를 들어, 아이와 〈Not a Box(Antoinette Portis)〉를 읽을 때예요. 토끼는 분명 상자를 가지고 놀고 있는데 계속 '상자'가 아니라고 합니다. 토끼에게는 '상자'가 '자동차, 산, 불이 난 건물, 로봇, 운송수단'처럼 상상하는 대로 모습이 바뀌는 '상자가 아닌(Not-a-Box)' 상자가 되지요.

토끼처럼 아이와 택배 상자를 두고 창의적인 상상을 해볼 수 있어요. 상자의 본래 용도라는 틀 밖으로 넘어서서 창의성을 무한대로 펼치며 상상하는 연습을 할 수 있습니다. '만약 이 상자가 넘실넘실 바다 위 통통배면 어떨까?'처럼 'What if~?(~라면 어떻게 될까?)'의 질문을 많이 해주세요.

❷ 디지털 문해력(디지털 리터러시)

디지털 문해력은 디지털 플랫폼의 다양한 미디어에서 제공되는 정보들을 읽고 이해하고 평가하여 종합하는 능력입니다. 아이가 궁금한 동물이나 자연 현상이 있다면 인터넷에서 영어로 검색하게 해주세요. 아직은 모두 해석할 수 없지만, 영어로 검색할 때 정말 많은 정보가 쏟아져 나오고, 이때 중요한 정보만을 걸러내는 혜안을 가져야 한다는 걸 일깨워 줄 수 있습니다.

스마트폰이나 컴퓨터와 같은 매체를 통해서 정보를 받아들일 때는 '읽기'보다 '보기' 기능이 활성화되어서 자신이 보고 싶은 정보만 받아들인다고 합니다. 따라서 쉽게 정보를 찾아볼 수 있는 매체에서 어떻게 정확하게 원하는 정보를 얻고, 여러 정보를 종합하여 객관적으로 파악할 수 있는지 이야기를 많이 나눠보세요.

❸ 표현능력/의사소통 능력

고교학점제의 목적은 교사 중심의 획일화된 강의식 수업을 피하고, 학생 중심의 수업을 하는 것입니다. 교사가 말하는 시간보다 학생이 말하는 시간이 더 길 때 배움 중심의 수업이 일어납니다.

따라서 아이가 영어로 말하고 쓰는 표현능력을 성장시켜 주세요. 경청하고, 적절할 때 질문하는 연습을 통해 의사소통 능력을 키울 수 있습니다. 아이가 자신이 하고 싶은 말을 녹음해서 듣고 영어로 표현할 때 자신의 강점과 약점을 직접 점검할 수 있습니다.

영어로 토론할 수 있다면 경청 능력과 비판적 사고력을 모두 갖출 수 있습니다. 집에서 가벼운 주제로 토론을 해보는 문화를 만들면 늘 열린 시각을 가지고 생각을 자극하며 대화를 나눌 수 있을 거예요.

❹ 다양한 텍스트 읽기 능력

한 주제에 관해서 소설, 영상, 다큐멘터리, 신문, 잡지 등 다양한 자료를 찾아보고 견주어 볼 수 있어야 합니다. 자신이 가진 지식을 심화시키기 위해서 탐색하는 대상에 제한이 없어야 합니다. 한 가지 주제를 탐구할 때, 다른 교과와 연결해서 다층적으로 주제를 바라보는 확장된 시각을 가지도록 해주세요.

영어로 검색할 수 있다면, 세상에서 가장 큰 정보망에 접근하는 거예요. 주제를 깊게 탐색하면서 타 교과와 유연하게 융합하는 '교과 융합적인 정보 탐색 능력'도 갖출 수 있습니다.

❺ 콘텐츠 창작 능력

결국에는 나만의 생각을 나타낼 수 있는 콘텐츠 창작 능력이 있어야 합니다. 고교학점제에서는 프로젝트 수업이 더 활발하게 이루어질 수 있습니다. 수없이 많은 타인의 정보를 읽고 종합해서, 나만의 시선과 생각을 담은 콘텐츠를 창작할 수 있는 능력이 필요합니다.

집에서 아이와 영어로 책을 읽고 난 다음에 스케치북에 그림이나 색으로 나타낸 후, 어떤 의도로 그렸는지 표현하도록 해주세요. 자신의 감정, 생각, 느낌을 다양한 매체로 나타내는 능력을 길러 주어야 합니다.

유·초등 시기의 영어학습은 왜 중요할까?

아이가 5~9세에 영어와 만나는 시간을 갖는 것이 왜 중요할까요?

이 시기는 아이가 엄마 품에 폭 안기는 때입니다. 엄마의 심장 소리가 들리고, 따뜻한 온기가 전해집니다. 이때 영어 그림책을 읽으면서 영어와 만날 때마다 아이는 사랑하는 사람과 외국어를 읽고 듣고 있다는 안도감이 있습니다.

'영어를 모국어 습득 방식으로 배우자.'라는 말을 많이 합니다. 가장 가까운 관계를 맺은 엄마와 정서적 유대관계 속에서 영어의 씨앗이 심어진다면 더 깊이 뿌리를 뻗을 수 있겠지요.

5~9세 아동의 특징과 영어학습을 연결해 볼게요.

❶ 또래보다 엄마를 보고 배우는 시기

세상의 중심이 엄마에서 또래로 넘어가기 전에, 영어를 향한 관심과 열정을 아이에게 보여주세요. 5~9세 시기는 엄마가 좋아하는 대상에 자연스럽게 관심이 가는 때입니다. 외국어를 배우면 경험하고 배우고 느낄 수 있는 세상의 크기가 훨씬 더 커진다고 말해주세요.

❷ 노는 게 제일 좋은 시기

특히 5~9세는 노는 걸 제일 좋아합니다. 이 시기에 영어 동요를 듣고 따라 부르고, 엄마와 춤도 추다 보면 영어도 놀잇감으로 생각할 수 있어요. 좋아하는 캐릭터들이 영어로 말하니 아이도 말해 보고 싶어져요. 운율감 있는 언어는 공부해야 하는 지루한 과목이 아니라 마음대로 사용해보고 싶은 흥미로운 대상이 되지요.

❸ 영어책을 읽으며 공감력을 키우는 시기

사회성이 발달하는 이 시기에 영어책을 읽으면, 등장인물의 상황과 자신을 비교하고 대조하며 공감 능력을 키울 수 있어요.

❹ 작은 성취감을 느낄 수 있는 시기

이 시기 아이들은 이 세상의 주인공이에요. 공주 옷을 입고 유치원에 가고 싶기도 하고, 화려한 왕관을 쓰기도 해요. 다른 사람이 칭찬해 주면 세상에서 가장 환한 미소가 번집니다.

아이가 영어책을 읽거나 영어로 말을 해보려고 시도할 때 칭찬을 듬뿍 해주세요. 아이는 유능감과 긍정적인 자아 인식을 갖게 됩니다. 영어는 해볼 만한 언어가 되는 거예요.

❺ 다시는 오지 않을 성적으로부터 자유로운 시기

영어가 평가와 만나는 순간 부담감이 찾아옵니다. 순수한 언어와 한 인간이라는 존재로 만나지 못하고, 영어를 배우는 이유가 성적을 잘 받기 위해서로 돌변할 수 있어요. 평가가 없어서 편하게 영어를 만날 수 있는 이 시기를 놓치지 마세요.

❻ 유창성을 키울 수 있는 시기

이 시기는 언어에 대한 편견이 상대적으로 적습니다. 발음이 틀리거나 의미가 통하지 않게 말을 해도 크게 부끄러워하지 않아요. 영어 발음이 신기해서 이렇게 저렇게 소리를 내면서 놀아보기도 하고, 책에서 봤던 영어 문장이 어느 순간 툭 하고 나올 때도 있어요. 정확성보다 유창성을 키우기에 좋은 시기입니다. 영어로 질문을 던지면, 어떻게든 답을 해가면서 아이는 영어로 표현하는 데 두려움을 줄일 수 있어요.

유·초등 영어책 읽기가 고3까지 가는 이유

학부모들과 상담하다 보면, 다음과 같은 질문을 많이 받습니다.

"고등학교에서 배우는 영어는 수능을 대비하는 입시 영어라 시험에 가까운 시점에 준비해도 되는데, 굳이 유·초등 시기부터 영어를 공부해야 고3까지 연결된다고 생각하시는 이유는 무엇인가요?"

현재 유·초등 아이를 둔 학부모들은 대부분 밀레니얼 세대입니다. 이 세대는 영어를 생각하면 '평가'가 곧바로 떠오르면서, 성적이 잘 나오지 않아 실망했던 부정적인 감정이 일어납니다.

빨간색 셀로판지로 영어 단어의 뜻을 가리고 공부했던 단어장이 생각날 거예요. 고등학교까지 영어 시험 준비를 하며 단어와 숙어를 열심히 외우고 공부했지만, 아직도 영어 말하기 울렁증이 있는 경우가 많습니다. 취업을 위해 토익시험을 준비하면서 어떻게든 목표점수에 도달했지만, 다시는 지긋지긋한 영어를 보지 않겠다고 생각했을지도 모르겠네요.

우리는 재미와 흥미를 느끼며 영어를 배우는 시기를 놓친 경우가 많습니다. '언어'인 영어를 '교과'로 먼저 접근하여 성적표에 영어 과목의 전교 석차가 쓰여 있는 것을 보았던 씁쓸한 기억이 배경에 있기 때문입니다.

한국교육과정평가원 사이트에 있는 〈대학수학능력시험 영어 과목〉 준비 과정을 보면, 영어 실력 향상을 위한 진짜 영어 공부와 수능 공부가 연결된 것을 볼 수 있습니다.

수능 영어영역 출제 기본방향

- 교육과정에 근거하여 문항의 소재를 선정하되 다양한 내용의 대화문/지문과 자료를 활용하여 문항을 출제한다. 각 문항의 대화문/지문은 수험생의 배경지식에 부합하거나 배경지식과 언어능력의 상호작용을 기반으로 이해할 수 있어야 한다.
- 듣기는 원어민의 대화, 담화를 듣고 이해하는 능력을 측정하고, 말하기는 불완전 대화, 담화를 듣고 적절한 의사소통 기능을 적용하여 이를 완성하는 능력을 간접적으로 측정한다.
- 읽기는 배경지식 및 글의 단서를 활용하여 의미를 이해하는 상호 작용적 독해 능력을 측정하고, 쓰기는 글의 내용을 요약하거나 문단을 구성할 수 있는 능력을 간접적으로 측정한다.
- 유창성과 함께 정확성을 강조하기 위해 언어형식 및 어휘 문항도 출제에 포함한다.

수능 영어영역 출제 기본방향은 '배경지식'과 글의 단서를 활용하는 '언어능력'이 상호작용하며 글의 내용을 이해해야 한다는 점을 두 번이나 표현하여 강조합니다. 읽기 과정에서 학생의 배경지식을 활용하는 능동적인 독서를 해야 합니다. 글 전체 내용을 이해하여 글을 문단 수준에서 유기적으로 연결하며 읽을 수 있고, 주요 내용을 요약할 수 있어야 한다고 합니다.

우리나라는 시험의 환류 효과인 'Wash Back Effect'가 큰 나라입니다. 학교에서 성실하게 영어를 배워도 말 한마디 못 하는 영어 공교육 문제가 끝없이 거론되면서, 영어 듣기, 말하기를 직접 평가하는 국가 영어능력평가(NEAT) 시험을 구축하려고 했지만, 현실적 문제로 폐지되었습니다. '말하기'와 '쓰기' 영역을 간접적으로 평가할 수밖에 없으면서 '읽기' 영역이 더욱 강조되고 있습니다. 읽기는 '심리 언어적 추측게임'이라고 합니다. 문자 언어와 독자의 생각이 능동적으로 상호작용하며 의미를 구성하는 과정이 바로 읽기입니다. 지금은 단편적인 문법 사항을 묻는 문제를 내지 않고, 해석을 바탕으로 한 어휘와 어법 문제를 내고 있습니다. 단어를 맥락 없이 외우거나, 문제 푸는 요령만 배워서는 효과가 없는 거예요. 이를 위해 유·초등 시기부터 한글책 및 영어책을 다양하게 읽으면서 배경지식을 쌓고, 책의 의미를 파악하기 위해 자신의 사전 지식을 능동적으로 사용하면서 읽는 과정을 수없이 연습한다면 진짜 영어 실력이 향상되고, 입시 영어도 어렵지 않게 해결할 수 있습니다.

고등학교 영어 상위 1% 학생들의 영어 공부 방법

"선생님께서는 고등학생들을 오랜 시간 가르치셨으니 상위 1% 학생들이 영어 공부를 어떻게 하는지 잘 아시겠지요. 우리 아이도 어릴 때부터 비슷한 로드맵으로 공부하게 하고 싶은데, 그 방법을 좀 알려주세요."

학부모들은 고등학교 영어성적 최상위권 학생들의 태도, 습관, 공부 방법과 전략, 시간 관리 등 다양한 부분을 궁금해합니다.

레오나르도 다빈치는 "배움은 절대 마음을 지치게 하지 않는다."라고 했습니다. 영어 상위 1% 학생들은 어렸을 때부터 배우면서 성장하고 기뻐했던 경험들이 차곡차곡 쌓여 있습니다. 그래서 매일 등·하교하는 단조로운 일상에서도 배움의 '소확행'을 발견할 수 있습니다. 고효율 학습을 하는 이 학생들의 공통점을 10가지로 추려보았습니다.

❶ 지적 호기심이 왕성하고, 배움에 늘 열려있습니다.

교실 문을 열고 들어가면, 수업 준비를 마치고 반짝이는 눈으로 교사를 맞이하는 기특한 태도를 보입니다. 앎과 삶을 연결할 수 있어서 자신의 지적 성장이 이루어지는 시간의 시작을 반가워합니다.

한 이과반 학생이 "영어 수업 시간은 제게 달콤한 휴식 같아요."라고 말한 적이 있습니다. 수학, 과학 문제를 보며 답을 찾기 위해 고심하다, 영어로 세상 이야기를 만나면 행복해진다고 했습니다. 영어 공부 시간을 자신의 힘든 공부 여정에 선물처럼 주던 그 학생은 단단한 영어 실력을 바탕으로 영어 평가 문제들도 즐기며 풀 수 있었습니다. 그 비결은 영어지문을 통해 배우는 세상을 궁금해하는 지적 호기심이 있었기 때문입니다. 이 학생들은 수업 시간에 고개를 끄덕이거나, 새로운 사실을 알게 될 때 미소를 짓는 등 비언어적 방식으로 교사와 상호작용합니다.

❷ 이해되지 않는 부분은 그 자리에서 반드시 해결하고 넘어갑니다.

학력 수준이 높은 고등학교에서 근무한 적이 있습니다. 수업이 끝나면 아이들이 질문하려고 교탁 옆에 줄을 섰습니다. 교사가 수업 시간에 다소 빠르게 넘어가서 명쾌하게 이해할 수 없었던 복잡한 문장들을 수업이 끝난 직후 스스럼없이 질문했습니다. 정확히 이해했는지 자신의 말로 바꿔 설명하며 재차 교사에게 이해도를 점검했습니다. 이렇게 학교 수업 시간의 배움을 당일에 모두 자신의 것으로 만들어 소화하는 과정이 돋보입니다.

❸ 예습보다는 복습을 확실하게 합니다.

물론, 수업 전 어떤 내용을 배울지 미리 살펴보고, 궁금한 부분을 미리 질문하는 예습 과정도 필요합니다. 하지만 시간이 부족하다면 예습보다 복습에 방점을 둡니다. 선생님이 수업 시간에 강조했던 부분을 부지런히 필기하고, 반드시 당일에 복습합니다. 배움이 흩어지지 않게 자기 전까지 배운 내용을 머릿속에 마인드맵을 그리며 확인합니다.

'앗 그 단어는 뭐였더라?' 하며 사전을 찾아보고 단어를 중얼거릴 만큼, 그날 영어 수업 시간에 배웠던 지문의 핵심을 영어 단어로 표현합니다. '에빙하우스의 망각곡선' 연구처럼 당일, 주말, 시험 전 이렇게 최소 3번 복습을 하면서 장기기억에서 배운 것을 종합하기 위해 노력합니다. 최상위권 아이들의 학습 플래너를 보면, 자신의 머릿속에 영어 공부 시스템을 갖추고 있어서 시험 전까지 복습 주기를 체크하고 계획적으로 공부합니다.

❹ 자신만의 영어 공부법이 있습니다.

야간 자기주도학습 감독을 할 때입니다. 복도에 나가서 공부하고 싶다던 학생이 있었습니다. 스탠딩 책상에 서서 영어 문장을 중얼거리며, 여백에 무언가를 열심히 적었습니다. 가까이 다가가니, 영어 문장을 해석하고 자신의 말로 요약해서 간략히 한글로 적고 있었어요.

그 학생은 스스로 선생님처럼 가르치고 학생도 되면서 자신만 알 수 있는 암호를 적었습니다. 'Re'라고 동그라미 친 부분은 "다시 보자"란 뜻인 것 같았고, 'T.S'는 'Topic Sentence'처럼 주제문을 뜻하는 듯했습니다. 암호가 많아서 다른 친구가 필기 노트를 빌려 가도 본인만큼 전략적으로 공부할 수 없을 것 같았습니다. 상위 1% 학생들은 앉아서 공부가 안 되면 책상에 머리를 박고 자는 것이 아니라, 서서 걷거나 중얼거리는 방법으로 뇌를 깨우면서 능동적인 학습을 했습니다.

❺ 영어 어휘력이 뛰어납니다.

수행평가 쓰기 과제에서 같은 단어를 반복해서 쓰지 않고, 유의어를 사용하여 어휘를 다채롭게 사용하는 능력을 보여줍니다. 머릿속 영어방에 어휘들이 유의어, 반의어 갈래로 뻗어나가면서 그물망처럼 촘촘하게 연결되어 있어 단어를 유기적으로 엮어 쓸 수 있습니다. 자신만의 영어어휘 사전이 있어서, 필요한 순간에 적절하게 활용합니다. 평소 '단어-한글 뜻'으로 단편적인 뜻만 외우지 않고, 통문장 속 맥락 안에서 많은 단어를 만나고 체득하였기 때문에 문장 간 의미가 연결되도록 단어 배치를 하여 전체 글에 논리적인 짜임새가 있습니다.

❻ 시간 관리능력이 뛰어납니다.

학생들은 하교 후 공부할 수 있는 시간이 제한되어 있습니다. 그래서 학교에 있을 때 자투리 시간을 활용하여 영어 공부를 합니다. 포스트잇에 단어를 써서 책상에 붙여두거나, 영어 단어를 암기해야만 핸드폰 잠금화면을 여는 앱을 깔아 수시로 어휘를 볼 수 있는 환경을 조성합니다. 쉬는 시간이나 점심시간처럼 10~20분 정도 짬이 날 때 영어 문제를 풀어봅니다. 수능에서는 1문항을 1분 30초 안에 풀어야 하는데, 그것을 고려하면 10분이어도 4문제 정도 풀고 답안을 확인할 수 있습니다.

수업 시간에 배우는 영어지문의 MP3 음원 파일을 다운받아서 등하굣길에 수시로 듣습니다. 듣는 과정을 반복하면, 독해 지문이 귀에 익숙해져서 독해 속도가 빨라지고, 글 전체의 의미를 더 잘 이해할 수 있습니다.

❼ 평소 영어 원서를 즐겨 읽습니다.

매주 영어 수업 시간 중 한 시간을 다독 시간으로 정했습니다. 영어 원서 북 카트를 가지고 와서 학생들과 읽었습니다. 한 학기 동안 일주일에 한 차시만 책을 읽고, 여러 번 북리포트를 작성해야 해서 읽기 시간이 절대적으로 부족했습니다.

이때 학생 대부분은 얇은 책을 선택합니다. 하지만 평소 두꺼운 원서를 즐겨 읽었던 학생들은 《Giver(Lois Lowry)》, 《Wonder(R. J. Palacio)》 같은 두꺼운 영어 원서를 선택하여 빠른 속도로 읽었습니다. 이 모습에서 평소 원서 탐독의 가능성을 볼 수 있었습니다. 이 학생들은 비단 영어 원서뿐 아니라 한글책도 폭넓게 읽었기 때문에 배경지식을 바탕으로 한 이해력이 뛰어나고, 다른 교과와 통합하여 사고할 수 있습니다. 독후감을 작성할 때도 타 교과 사이의 장벽을 뛰어넘는 심층적이고 융합적인 주제 이해도를 보여주어 채점하는 교사가 감탄하게 합니다.

❽ 메타인지를 사용하여 자신의 배움을 계속 살핍니다.

상위 1% 학생들은 수행평가에서 감점된 부분이 있으면 직접 교사를 찾아옵니다. 자신이 어떤 부분에서 부족했는지 감점 요소를 찾고 개선하고자 합니다. 모의고사 영어 문제 중 애매하게 맞은 문제는 맞았다고 생각하지 않고, 왜 확실하게 풀지 못했는지 재점검을 합니다. 문제를 풀 때 사고의 흐름은 자신만이 알 수 있습니다. 일타강사도 이 학생이 구체적으로 어떤 이유에서 문제를 틀렸는지 알 수 없습니다. 상위권 학생들은 틀린 문제를 다시 확인하면서 지문을 이해하고 푸는 과정에서 어떤 문제와 실수가 있었는지 감점 요인을 파악합니다. 즉, 자신의 사고의 흐름을 높은 곳에서 바라보는 초인지전략을 사용합니다.

이 학생들은 영어 공부 상담을 할 때, 자신이 '추론적 이해력'이 부족하여 '빈칸 완성'이나 '글의 순서'를 찾는 유형이 약함을 토로합니다. 어떻게 문제 풀이 연습을 해야 하는지 구체적으로 묻습니다. 자신의 상황을 객관적으로 살펴보기 때문에, 평가 유형 중 자신이 약한 문제 유형이나 해석하기 어려운 담화구조를 정확히 진단하여 말합니다. 그리고 이를 개선하려는 의지가 있어 적극적으로 전문가를 찾아 상담합니다.

❾ 매일 하루도 거르지 않고 영어를 공부합니다.

상위 1% 학생들은 언어는 감이라는 걸 알고 있습니다. 하루라도 공부하지 않으면 지금까지 도미노 블록처럼 겹겹이 쌓아온 실력이 한 번에 무너진다고 생각합니다.

한 학생은 자기 전 이를 닦는 것처럼 매일 영어 공부하는 것이 습관이 되었다고 했습니다. 영어 공부를 하지 않은 날은 찝찝해서 기어이 문제집을 펴고 한 문제라도 풀어본다고 합니다. 모르는 단어에는 동그라미를 치고, 다음 날 아침에 다시 봐야지 하며 잠자리에 든다고 했습니다.

손흥민은 매일 골문을 향해 왼발 500번, 오른발 500번씩 슈팅 연습을 하여 월드클래스 축구 스타가 되었습니다. 의식해서 매일 꾸준히 연습하지 않는다면 좋은 결과를 얻을 수 없습니다. 상위 1% 학생들은 매일 눈과 귀를 의식적으로 열어서 영어를 독해하려고 노력합니다.

⑩ 영어학습의 동기와 목표가 확실합니다.

한 학생은 사이버 외교사절단 '반크'에서 민간 외교관으로 활동하면서 이메일로 한국을 홍보할 때 영어가 가진 힘을 느꼈다고 했습니다. 일본의 역사 왜곡에 맞서, 정확한 독도의 역사를 외국인 친구에게 이야기할 때, 설득력을 갖추기 위해 유창성과 정확성을 겸비한 영어 구사력을 가지고 싶은 동기가 생겼다고 합니다. 물론 시험을 잘 봐서 좋은 대학에 들어가고 일류기업에 취직하고 싶은 외적동기도 있지만, 영어를 통해 자신의 삶을 한층 더 풍성하게 누릴 수 있다는 내적동기도 끌어올릴 수 있습니다.

본인의 관심 분야를 영어로 접한 경험도 있습니다. 수의사를 꿈꾸던 학생은 평소 동물에 관심이 많아 유튜브에서 〈National Geographic Wild〉 채널을 즐겨 보았습니다. 그 학생은 "영어 콘텐츠를 보면서 시간 가는 줄 모르게 몰입하고, 나중에 정보를 기억할 때 한국어인지 영어인지 모를 만큼 익숙해져서 정말 신기했어요."라고 이야기했습니다. 아이스크림을 먹을 때 "엄마 너무 슬퍼요. 아이스크림을 벌써 이만큼 먹었어요."라고 귀엽게 이야기하는 아이처럼, '영어 공부할 시간이 이만큼밖에 남지 않았네. 아쉽다.'라고 생각할 만큼 언어를 배우는 즐거움과 배웠을 때 얻는 힘에 대해 어린 나이부터 인지하고 있었습니다.

모든 학생에게는 하루 24시간이 공평하게 주어집니다. 예전에는 야간자율학습 시간이 있어 교실에서 밤늦게까지 공부하는 시간도 모두 같았습니다. 같은 시간과 환경에서 공부했지만, 결과인 성적에서 차이가 나는 이유가 무엇일까요?

공부는 엉덩이의 힘이 중요하다고 하지만, 책상에 오래 앉아 있다고 배움이 일어나지 않습니다. 공부라는 노동을 한 대가를 살펴봐야 합니다. 영어를 공부했다면 어떤 내용을 영어로 읽었는지 자기 전에 머릿속으로 내용과 관련있는 핵심 단어를 떠올려야 합니다. 틀렸던 문항이 있다면 왜 틀렸는지 내 말로 정리할 수 있어야 합니다. 똑같은 시간에도 이 10가지 특징을 가지고 있다면 영어성적 상위권 학생들처럼 고성능 엔진을 달고 영어학습을 할 수 있습니다.

유·초등 자녀를 둔 학부모들에게 해주고 싶은 이야기

거리를 걷다 보면 고개만 돌려도 눈앞에 영어가 쏟아집니다. 아파트 이름, 마트와 가게 이름이 영어로 적혀있는 것은 물론이고, 병원에 가면 의사 선생님이 차트에 쓰는 뜻 모를 영어 단어들을 기억하실 거예요. 그만큼 다양한 곳에서 가장 많이 사용되고, 고급정보를 접할 수 있는 언어가 '영어'입니다. 그래서 영어를 '부와 권력의 언어'라고도 해요. 이 능력을 가지고 아이가 성장하기를 바라는 것은 모든 엄마의 한결같은 바람일 거예요.

영어유치원을 나온 아이들 중에 제 딸과 같은 또래의 아이가 고등학생 수준의 영작을 하는 것을 보고, 솔직히 지금처럼 영어교육을 해도 되는지 회의감이 들 때가 있었습니다. 한때는 '나도 그 학원만 보냈으면 구름이가 영어를 더 잘했을 텐데' 생각하면서 그만큼 경제적 능력을 갖추지 못한 것을 탓하고 아이에게 죄책감을 느꼈습니다. 영어 사교육 시장은 학부모의 '불안감'을 모티브로 움직입니다. 엄마가 교육철학을 확실하게 가지고 있어야 흔들리지 않습니다.

저도 고등학교 현장에서 영어를 가르쳐 보지 않았으면, 바로 당장 눈앞의 영어 실력을 비교하고 계속 불안해했을지 모릅니다. 장기적으로 생각해보세요. 고등학교에 가면 수행평가, 지필평가, 수능 준비 등 정말 많은 공부에 허덕이게 되는데, 어린 나이부터 대형학원의 경쟁하는 구도에서 영어를 학습으로 다가가게 하고 싶지는 않았습니다. 학원 차를 타고 오가며 소비되는 시간에 아이와 더 중요한 것을 경험할 수 있습니다. 초등학교 저학년까지가 엄마와 함께 공부할 수 있는 시기라고 생각합니다. 이 시기의 내실화가 필요합니다. 영어책을 통해 열리는 배움의 길을 아이와 함께해주세요. 엄마와 행복하게 영어책을 읽었던 핵심 기억은 아이에게 오래도록 긍정적인 영향을 미칠 거예요.

유·초등 자녀를 둔 학부모들에게 몇 가지 이야기를 해주고 싶습니다.

❶ 초등학교 3학년부터 영어 공부를 시작하면 늦습니다.

요즘에는 초등학교 1학년 때 한글을 배우고, 초등학교 3학년부터 알파벳을 배우는 학생은 거의 없습니다. 초등학교 입학 전부터 한글을 읽고 쓰고, 숫자 10을 만드는 보수도 익힙니다. 영어 파닉스도 숙지하여 영어책을 읽는 아이도 많습니다.

산후조리원에 함께 있던 엄마들이 영어 조기교육이 필요한지 저에게 물은 적이 있습니다. 제가 "조기교육을 해야 합니다."라고 주저 없이 답했을 때 다들 놀랐습니다. 공교육 교사니 당연히 사교육을 반대할 줄 알았는데, 마땅히 조기교육을 해야 한다는 저의 대답에 놀란 거죠. 영어는 언어이기 때문에 노출이 없다면 결과도 없습니다. 제가 말씀드린 '조기' 교육은 사교육이 아니라, '이른 시기에 엄마가 영어를 집에서 노출해 주기'를 의미했습니다.

조기교육이 필요한 이유는 초기 학습 과정에서 가장 중요한 '성취감'을 느낄 수 있기 때문입니다. 배움의 출발선부터 자신이 뒤처졌다고 생각하면 시작도 하기 전에 자존감이 떨어져서 동기부여가 되지 않습니다. 친구들은 가벼운 에어 운동화를 신은 것 같은데, 자신은 무거운 군화를 신은 것 같아 한 발을 떼기도 전에 의욕을 잃고 실수할까 봐 두려워하게 됩니다.

파닉스와 사이트 워드를 모두 익혀서 AR 1점 초중반의 책들은 읽을 수 있는 상태로 초등학교 3학년에 올라가게 해주세요. 초등학교 저학년 시기에는 어휘량이 폭발적으로 증가합니다. 영어 공부의 적기를 놓치지 않게 해주세요.

❷ 엄마표 영어의 피그말리온 효과를 믿어주세요.

"엄마, 핸드폰 보지 말고 나랑 놀아줘."

제가 집에서 구름이에게 정말 많이 듣는 말입니다. 급기야는 아이가 제 핸드폰을 뺏어서 숨겨둡니다. 저와 눈 맞추며 많은 대화를 나누고 싶은 아이는 아직도 탯줄로 엄마와 연결된 것처럼 정서적 교감을 느끼고 싶을 때가 많습니다. 엄마가 어떤 감정으로 아이와 교감하는 것이 좋을까요?

교육심리학에 '피그말리온 효과'가 있습니다. 교사가 믿고 기대한 만큼 학생이 이에 부합하는 결과를 가져오는 효과입니다. 아이와 함께 영어를 읽는 시간에는 긍정의 언어를 많이 사용해 주세요. 말투에서 불안감과 초조함이 묻어나기보다는, 안정감과 친근감이 느껴지면 좋습니다. '잘했고, 잘하고 있고, 잘 될 거야.'라는 긍정적인 기대감을 보여주면서 영어교육의 길을 함께한다면 아이는 긍정적 기대에 응하고 편하게 따라올 거예요.

❸ 아이의 상상력을 자극해서 창의성을 길러 주세요.

구름이와 감자탕을 먹으러 갔습니다. 그런데 갑자기 "엄마, 'Potato bath' 먹으러 가는 거예요?"라고 물었습니다. 이게 무슨 말이지? 아이는 '감자 칩'의 '감자'와 '목욕탕'의 '탕'을 생각해서 'Potato(감자) bath(탕)'란 단어를 만든 거예요. 한참 웃었습니다.

아이가 영어를 배우게 되면 세상 모든 사물을 영어로 어떻게 표현하는지 알고 싶어 할 거예요. 아이가 궁금해하면 이를 포착해서 "영어로 어떻게 표현할까?"라고 질문하고, 사전을 찾아가면서 함께 미지의 세계를 걸어가는 영어학습의 파트너가 되어주세요.

구름이가 읽었던 《Fly Guy》라는 책이 있습니다. 파리를 애완동물처럼 키우는 흥미로운 소재의 책인데, 파리가 날 때 나는 소리인 'zzzz' 소리가 책 전반에 많이 나옵니다. 이 책을 읽은 후 '~s'로 끝나는 영어 단어들을 모두 'z'로 바꾸어 표현한 후 파리처럼 아이랑 팔을 벌리고 뛰어다냈습니다. 엄마표 영어의 장점은 함께 읽은 책 내용을 떠올리며 대화를 나누면서 창의력을 길러줄 수 있다는 것입니다. 이 과정에서 엄마와 아이의 관계는 더욱 돈독해집니다.

❹ 일상에서 아이와 영어로 이야기를 나누세요.

긴 문장으로 말할 필요는 없습니다. 10단어 이하의 짧은 문장으로 아이에게 영어로 말을 걸어주세요. 엄마가 영어에 대한 거리감을 느끼지 않고 편하게 말하면, 아이에게 영어는 친근한 언어가 됩니다. 영어를 발화한 단어 수만큼 포인트가 적립되듯이 영어 실력은 꾸준히 쌓여갑니다.

"1부터 10까지 숫자를 한 번 찾아보자(Let's find the number from one to ten.)"

엄마가 이렇게 말하면, 아이는 주변에서 발견한 숫자를 손가락으로 가리키며, "Here(여기요.)"라고 짤막하게 대답하며 흥미를 느낄 수 있습니다.

아이와 산책할 때는 이렇게 말해 보세요.

"무지개 색깔을 한 번 찾아보자(Let's find rainbow colors.)"

이처럼 일상의 순간들을 영어로 만날 수 있도록 해주세요.

❺ 아이가 이야기하면서 많이 표현하게 해주세요.

학교에서 유독 자신의 속마음을 표현하지 못하는 학생들이 있습니다. 인생의 쓴맛을 제대로 맛본 어른처럼 힘없이 앉아 있는데, 막상 힘든 이유를 물어보면 말하지 않습니다. 상담실에서 대답할 때까지 기다리지만, 아무 말도 하지 않을 때는 제가 힘들었던 어린 시절 이야기를 먼저 꺼내 봅니다. 그럴 때면 학생들은 놀라는 눈빛을 보냅니다. 비밀스럽고 창피한 과거 이야기를 선생님이 먼저 꺼내니, 자신이 이야기해도 안전하겠지 생각하고 말문을 엽니다. 학교에 오기가 힘들고, 고통스러울 만큼 눈을 뜨기 어려운 아침을 모두 이야기합니다.

이처럼 엄마가 먼저 솔직하게 얘기하면, 아이는 듣지 않는 듯하면서도 다 듣고 자신의 이야기를 꺼낼 준비를 합니다. 아이의 이야기를 들으려고만 하지 말고 먼저 엄마 자신의 이야기를 많이 해본다면, 어느새 아이는 수다쟁이가 될 거예요.

고등학교 영어 말하기, 쓰기 수행평가에서 가장 많이 나오는 질문은 자신의 삶과 연결된 부분입니다. 평소 자신의 꿈이나 학교생활 등을 자신의 언어로 많이 표현할 수 있도록 해주세요.

❻ 국어책 읽기와 영어책 읽기를 병행해주세요.

아이들의 영어어휘 수준은 모국어보다 부족합니다. 아이의 인지능력 발달에 맞춰 영어책을 읽기가 힘듭니다. 수능 출제 안내서에서 살펴본 것처럼 배경지식이 활성화되어야 지문 내용과 상호작용하면서 내용을 더 잘 이해할 수 있습니다. 읽은 만큼 세상이 보이기에, 한글책을 탐독하면 세상에 대한 지적 호기심도 생겨날 거예요.

'Orbit'이라는 단어를 학생들에게 가르쳐줄 때, '궤도'라는 뜻을 알려주었는데, 상당히 많은 학생이 '게도'라고 한글 뜻을 적어서 놀란 적이 있습니다. 한글 문해력이 떨어지면 영어 문해력도 떨어지는 것은 당연한 일입니다. 한글책을 폭넓게 읽으며 독해의 필수가 되는 어휘력 향상에 힘써 주세요.

❼ 아이에게 선택권을 주고, 아이의 부족한 부분을 보완할 수 있는 책을 읽게 하여 '아이 맞춤형 영어교육'을 해주세요.

구름이는 다이소 가는 것을 정말 좋아합니다. 눈 앞에 펼쳐진 형형색색 다양한 물건들을 보면 모두 자신의 손안에 넣어보고 싶은 충동을 느끼는 거죠. 이렇게 쇼핑하듯 도서관에서 아이가 자신의 결에 맞는 영어책을 선택하게 해주세요. 아이마다 좋아하는 책의 유형이 모두 다릅니다.

또한 아이가 필요한 영역의 책을 같이 읽으면서 균형을 잡게 해주세요. 구름이는 이성이 발달한 사고형입니다. 감정을 표현하는 부분에서 성장이 필요했습니다. 그래서 영어책을 통해 감정 영역을 확장해 주고자 했습니다. 《How Do You Feel?(Anthony Browne)》, 《When Sophie Gets Angry-Really Really Angry(Molly Bang)》, 《The Colour Monster(Anna Llenas)》와 같은 책을 읽으며 아이가 자신의 마음뿐 아니라 상대의 마음도 돌보는 법을 배울 수 있게 노력했습니다.

과감하게 도전하는 것이 좀 더딘 아이는 모험과 관련된 책을 자주 보여주세요. 아이에게 부족한 부분을 채워주기 위해서는 먼저 아이의 강점과 약점을 파악하고, 책을 통해 그 부분을 보완해 주세요.

❽ '영어 문해력 향상'에 집중해 주세요.

UN 사무총장이었던 코피 아난은 "문해력은 비참함에서 희망으로 가는 다리이다(Literacy is a bridge from misery to hope.)"라고 말했습니다. '읽고 쓸 줄 아는 능력'이 문해력입니다. 이 중 '읽기' 능력이 가장 중요하게 주목받고 있습니다. 디지털 정보가 풍부한 사회에서 자신에게 필요한 정보를 선별하여 읽고 자기화할 수 있는 능력은 중요한 정보를 읽어내는 능력에 기반을 두기 때문입니다. 많이 읽다 보면 문자를 처리하는 속도가 빨라지고, 지면에 보이는 정보들을 최대한 활용하여 인지적으로 처리하는 능력을 갖추게 됩니다. 이 과정에서 사고력 및 의사소통 능력도 향상되어 일상에서 더 많은 의미를 찾을 수 있습니다.

책을 읽기 전에 책 표지를 보면서 어떤 내용이 나올까 추측하며 책을 읽는 목표를 갖게 하세요. 읽는 과정에서 이어지는 내용 추측, 읽은 후에는 요약하기 과정을 통해 사고 능력을 확장할 수 있습니다.

❾ 아이의 마음 건강이 가장 중요합니다.

제가 교직을 시작했던 2007년과 비교하면 지금은 많은 것이 바뀌었습니다. 특히 마음이 아픈 아이들이 해가 갈수록 더 많아지고 있습니다. 우울증 약을 먹는 아이들도 적잖이 볼 수 있습니다. 자살을 생각할 만큼 삶에 무기력한 아이들도 늘어나고 있습니다.

부모님과 상담할 때 공통적인 화제는 '성적'입니다. 현재 아이의 마음이 매우 아파서 하루의 무게를 감당할 수조차 없는데 학부모는 아이가 의욕을 잃어서 성적이 떨어질까 걱정합니다. 아이와 부모가 바라보는 방향이 달라서 아이의 마음이 아프게 된 건 아닌가 싶습니다. 마음이 아프면 모든 것을 잃습니다. 무엇보다 아이의 마음 건강을 가장 먼저 살펴주세요. 영어 그림책을 함께 읽는 과정도 아이의 마음 건강을 위해서라고 생각하며 책을 매개로 정서적 교감을 해주세요.

유·초등 엄마표 영어를 고등학교 영어교육과 연결하기

저는 '엄마표 영어'란 말을 들을 때마다 '엄마표'라는 세 글자가 우리나라 엄마들에게 씌우는 굴레를 꺼리던 사람입니다. "'아빠표'나 '부모표'는 될 수 없는 거야? 왜 꼭 이미 애쓰는 엄마에게 자녀 교육까지 모두 책임지라고 하는 거야?" 혼잣말로 투덜거리곤 했어요. 이미 '육아', '가사노동', '직장 업무' 등으로 지쳐있는데, '자녀 교육'이란 무거운 돌을 하나 더 얹는 느낌이었거든요. "남자는 여자 하기 나름이에요."라는 예전 광고 카피처럼 "아이 영어는 엄마 하기 나름이에요."라고 책임을 모두 전가하듯 숨이 턱 막혔습니다.

엄마의 부담감을 내려놓기를 바랐습니다. 하지만 이 책을 읽고, '영어책 읽기가 정말 중요하구나. 근데 그 몫은 오로지 엄마의 것인가?'란 의구심이 떠오르며, 제가 느꼈던 것처럼 마음의 부담감을 느끼는 독자가 계시진 않을까 걱정입니다.

'엄마가 영어 교사라 아이와 영어 말하기도 가능하고, 쓰기 지도도 가능하지. 난 힘들 것 같아.'라고 생각하시는 분도 계실 수 있고요.

아이의 영어교육 청사진을 어떻게 그릴지 불안해하는 엄마들에게, 개괄적인 영어교육의 로드맵을 알려주며 위안을 해주고 싶었습니다. 제가 교실에서 만나는 학생들은 모두 존재만으로도 귀한 아이들이기에 영어 수업 시간에 더는 좌절하지 않았으면 하는 바람으로 이 책을 쓰기 시작했습니다. 공교육 교사로서, 5살부터 영어 동요를 들려주며 소리를 익혀야 한다고 적으면서, 초등학교 3학년부터 시작하는 공교육 커리큘럼을 간과하지 않았나 하는 마음에 잠시 글쓰기를 멈춘 적도 있습니다. 하지만 영어를 '교과'보다는 '언어'로, '교사'의 위치보다는 아이가 즐겁게 영어를 배우기 바라는 '엄마'의 간절한 마음으로 이 책을 썼습니다.

저의 경험을 참조하여, 자녀의 유·초등 영어교육의 시야를 고3까지 펼칠 수 있기를 바랍니다. 또 이 책에서 인사이트를 얻고, 도서관에서 아이와 함께 영어 그림책 코너를 기웃거리신다면 그 또한 기쁠 것 같습니다.

여건상 집에서 영어를 가르치지 못해도 죄책감을 느끼지 않으셨으면 좋겠습니다. 구름이는 여러 명이 있는 공간에서 스트레스를 받고, 집에 있을 때 가장 마음이 편한 아이입니다. 그래서 집에서 편하게 영어를 만나는 시간을 마련해 주고 싶었고, 계단을 오르듯 단계별로 영어에 익숙하게 하고 싶었습니다. 아이의 성향을 고려하여 대안을 찾으신다면, 구름이의 영어 성장 이야기를 참고하시면 좋겠습니다. 다양한 영어 그림책이 있고, 체계적인 읽기 프로그램이 있다면 장소가 어디든 아이의 영어는 성장합니다.

'나는 아무래도 여건상 집에서 아이에게 영어를 가르치지 못할 것 같아. 이 좋은 걸 못 해줘서 어떡하지. 정말 미안하네.'라는 생각은 하지 말아주세요. 엄마가 마음의 여유가 생겨야 아이도 가르칠 수 있습니다. 그러려면 죄책감과 미안함은 없어야 합니다. 시간 여유가 있을 때 같이 영어책도 읽어보고, 아이의 영어책 취향도 탐색해 보세요. 그림책의 예쁜 색감에서 엄마도 위안을 얻을 수 있습니다.

엄마표 영어에도 정체기는 분명히 있습니다. 지금 구름이는 영어 그림책과 챕터북을 혼용해서 읽고 있습니다. 영어 실력의 도약기 이후 정체기는 있겠지만, 매일 한두 권이라도 꾸준히 읽도록 해주세요. 아이가 학년을 올라가며 성장할 때 저는 또 관찰하고, 연구하고, 적을 것입니다.

가끔은 엉뚱한 상상을 합니다. '고등학교 교실에서 만나는 학생들이 모두 구름이 나이 때로 돌아가면 어떨까?'라고요. 자신의 감정이 투명하게 얼굴에 드러나는 아이들. 나비 한 마리 날아오면, 그저 나비가 날갯짓하는 곳으로 따라가는 아이들. 비눗방울을 불면, 비눗방울을 터트리겠다며 작은 손으로 허공에 손바닥을 치는 아이들. 그 순수한 시절, 영어 그림책을 읽으며 책에 그려진 작은 벌레에도 웃음을 터트리는 아이들의 모습을 그려봅니다.

제 책을 읽고, 보완할 부분을 꼼꼼하고 구체적으로 조언해주신 이현진 영어 선생님과 자녀 영어교육에 큰 시야를 갖도록 해준 김은미 선생님께 감사드립니다. 글의 흐름을 매끄럽게 이끌어주신 최승은 선생님께도 감사드립니다.

제주에서 저를 낳아주신 부모님, 한결같이 제 곁을 지켜주는 남편, 매일 저를 성장하게 이끄는 우리 딸이 없었다면 이 책은 세상에 나오지 못했을 거예요. 이 책이 나오기까지 격려해주고 응원해주신 많은 분을 떠올리며, 마침표를 찍습니다.

1단계: 유튜브 채널(마더구스, 영어동요, 파닉스)

- 영상은 보여주지 않고, 음원만 흘려듣기로 들려주어도 좋아요.

채널 이름		특징
핑크퐁 마더구스 Pinkfong Mother Goose		'Hickory, Dickory, Dock' 'Eentsy Weentsy Spider' 처럼 유명한 마더구스 듣기.
핑크퐁 베베핀 Bebefinn- Nursery Rhymes & Kids Songs		핑크퐁을 좋아하는 아기 '핀'과 함께하는 영어 동요 및 영어 동화 듣기.
슈퍼 심플 송즈 Super Simple Songs		아동을 위해 듣기 쉽고, 재미있게 영어 동요를 보여준다. 반복되는 가사가 많아서 처음 편하게 영어 듣기를 노출할 때 좋은 채널.
코코멜론 너서리 라임 Cocomelon- Nursery Rhymes		코코멜론의 귀여운 캐릭터들이 영어 동요를 보는 재미를 한층 더해준다.
마더구스 클럽 Mother Goose Club		아이 또래의 원어민 친구들이 캐릭터 복장을 하고 영어 동요를 천천히 재미있게 들려준다.
키즈TV 123 KIds TV 123		파닉스를 익히기에 좋은 채널. 색깔, 숫자 영어 단어를 잔잔한 선율과 함께 들을 수 있다.
알파블럭스 Alphablocks		캐릭터들이 자신의 음가를 말하면서 움직이는 장면을 보며 파닉스 익히기에 좋은 채널.
리틀팍스 Little Fox		주변에서 한 번 이상은 들어봤을 유명한 영어 동화 애니메이션 채널. 스마트폰 앱으로 활용 가능하고,무료 체험을 할 수 있다.

2단계: 영어책을 읽어줄 때, '리드 어라우드' 채널을 사용하면 좋아요

- 유튜브에 책 이름을 넣고 검색하면 원어민이 재미있게 읽어주는 영상이 많이 나옵니다.

채널 이름		특징
StoryTime at Awnie's House		Awnie 이모가 그림책을 읽어준다. 아이들에게 생생한 이야기를 들려주고 싶은 이모의 열정이 담긴 채널.
Storyline Online		유명 연예인이 읽어주는 그림책을 듣고 싶다면 추천하는 채널.
Buddy Son Storytime		한 번 들어봤다 싶은 유명한 책들을 모두 소리 내어 읽어준다. 읽기의 즐거움을 더해주는 채널.

부록2 단계별 영어책

❶ AR(북레벨) 0점대 영어책 20권

- 아이의 첫 영어 그림책으로 추천

1		Color Zoo Lois Ehlert	칼데콧상 수상작. 한 단어 책. 여러 도형으로 완성하는 동물들의 이미지를 영어 단어로 표현하기 좋은 유아 책.
2		Have You Seen My Duckling? Nancy Tafuri	칼데콧상 수상작. 제목 한 문장만 책 전체에 나온다. 잃어버린 아기 오리를 애타게 찾는 엄마 오리. 숨어 있는 아기 오리 찾는 재미가 있다. 그림의 아름다움이 아련히 남는 책. 잠들기 전에 읽기 좋다.
3		Good Night, Gorilla Peggy Rathmann	동물원 관리인은 "잘자렴."하고 말하지만, 고릴라는 열쇠를 몰래 가져간다. 순찰하는 관리인 뒤로, 동물들을 모두 탈출시키는 고릴라의 모습이 재미있다. 'Good night, 동물 이름' 패턴이 반복된다. 잠자기 싫은 아이의 마음을 투영하며 재미있게 읽을 수 있다.

4		One Gorilla Atsuko Morozumi	1~10 사이 숫자만큼 동물이 숨어있는 책. 그림 속에서 동물들을 찾아보는 재미와 함께, 숫자를 영어로 셀 수 있게 되는 삽화가 아름다운 책.
5		Rain Donald Crews, Robert Kalan	'Rain'이란 영어 단어를 무수히 반복하여 비처럼 내리는 장면으로 연출한 점이 인상적인 책. 날씨, 색깔과 관련된 쉬운 단어들을 익힐 수 있다. 비 오는 날 읽어주기 좋은 책.
6		Rosie's Walk Pat Hutchins AR: 0.6	암탉 Rosie는 평화롭게 걷고 있지만, 뒤쫓아오는 여우는 수난을 겪는 상반된 상황을 보는 재미가 있다. 암탉이 걸어갈 때 나오는 across, around, over과 같은 장소 전치사를 익히기 좋다.
7		The Foot Book Dr. Seuss AR: 0.6	Up feet, Down feet, Slow feet, Quick feet처럼 다양한 발을 라임을 맞추면서 읽을 수 있는 책. 세상에 있는 온갖 종류의 발은 모두 다 나오는 듯하다. 발을 수식해 주는 형용사가 반의어 짝을 이뤄서 어휘 익히기에 좋은 책.
8		The Pigeon Wants a Puppy Mo Willems AR: 0.7	강아지를 키우고 싶은 비둘기의 모습이 재밌는 책이다. 비둘기의 다채로운 표정과 날갯짓이 인상적인 책. 평소 강아지를 키우고 싶던 아이라면 쉽게 공감하며 읽을 수 있다.
9		I Went Walking Sue Williams, Julie Vivas AR: 0.7	한 아이가 걸으면서 다양한 동물을 만나는 이야기. 책을 읽고 나면, 산책하면서 보고 만나는 생물들이 자신을 바라보는 것 같은 느낌이 든다.
10		Frog and Fly Jeff Mack AR: 0.7	파리를 먹고 싶은 개구리. '만나서 반가워.'로 시작하는 둘의 대화에 유머가 녹아 있다. 한 권에 들어있는 6개의 스토리를 읽는 재미를 느낄 수 있다.
11		Aaaarrgghh, Spider Lydia Monks AR: 0.8	'으아아악, 거미다!'라는 번역서도 있는 책. 한 가족의 애완벌레가 되고 싶은 거미의 시선에서 본, 신선한 재미를 주는 책. 하지만 사람들의 반응은 어떨까? 제목에서 힌트를 얻을 수 있다.
12		If I Had a Dragon Tom Ellery, Amanda Ellery AR: 0.8	동생이 너무 어려서 같이 놀기 귀찮고, 재미없다고 느끼는 형이 '만약 동생이 용이라면…'이라고 상상해 보는 책. 피하고 싶은 현실을 상상으로 극복하면서, 관계회복의 경험도 간접 체험할 수 있다.

13		I Am Bear Ben Bailey Smith AR: 0.8	'Bear(곰) - Bare(벌거벗은)' 'Tummy(배) - Honey(꿀)'처럼 라임(Rhyme)을 느낄 수 있는 책. 책의 내용을 담은 유튜브 영상의 노래가 즐거워서 절로 흥얼거리며 읽게 된다.
14		Shh! We have a plan Chris Haughton AR: 0.8	유튜브에서 책 영상을 보면, 바로 사고 싶다고 느껴질 만큼 '흥미', '재미'를 모두 갖춘 책. 세 명의 친구가 숨죽여 새를 잡으려 하는데, 자꾸 꼬마가 나타나서 새에게 인사한다. '쉬~' 할 때 실감나게 읽어주면, 아이는 더 집중해서 책을 읽게 되는 매력이 있다.
15		The EYE Book Dr. Seuss AR: 0.8	아이와 토끼가 두 눈을 크게 뜨고, 보이는 많은 것을 쉬운 문장과 단어로 쓴 책. 영어로 시각을 표현하는 방법을 쉽게 익힐 수 있다. '주어 + see + 목적어.' 문장을 확실히 익힐 수 있다. The EAR book도 있으니 여러 감각을 표현하는 방법을 찾기에 좋은 책이다.
16		No! David! David Shannon AR: 0.9	칼데콧상 수상작 책 표지부터 David가 심상치 않은 소년이라는 걸 느끼게 해준다. "안 돼! 데이빗!"이라고 외치는 엄마의 절박한 소리와 따뜻한 모성애를 동시에 느낄 수 있는 책.
17		Waiting is Not Easy! Mo Willems AR: 0.9	가이젤상 수상작 '기다림'이 쉽지 않은 아이들에게 좋은 책. 표지에서 보이는 '코끼리'의 표정에서 기다리기 힘들어하는 심정이 명백히 나타난다. '기다림 끝에 기쁨이 있다.'는 교훈을 어린이의 시선에서 읽을 수 있는 책.
18		My Car Byron Barton AR: 0.9	차를 좋아한다면 처음 영어에 마음을 열 수 있는 책. 색감이 뚜렷해서 주인공 Sam이 차를 타는 일상 모습이 아이 마음에 영어와 함께 인상 깊게 남을 수 있다.
19		The Little Bear Book Anthony Browne AR: 0.9	꼬마 곰이 만나는 동물마다 필요한 걸 알아채고 마술 연필로 그려서 선물해주는 책. 상상을 현실로 만들어 주는 마술 연필을 갖고 싶은 마음이 드는 책.
20		Puddle Hyewon Yum AR: 0.9	'물웅덩이로 참방!'이라는 번역서가 있다. 우리나라 작가의 책. 비오는 날, 밖에서 놀지 못해서 실망한 아이에게 비 오는 그림을 크레파스로 그려보며, 물장구 치며 신나게 노는 상상을 해보는 장면이 좋다.

❷ 3단계 소리 내어 읽기 추천 영어책 20권

- 추천하고 싶은 책이 가장 많은 단계이지만, 지면상 20개만 소개합니다.
  작가의 블로그에서 책 소개를 더 많이 볼 수 있습니다.

1		The Watermelon Seed Greg Pizzoli AR: 1.0	가이젤상 수상작 아이들이 좋아하는 여름 과일 수박이 자신의 배속에서 자라서 덩굴이 귀 밖으로 나오면 어쩌지 하는 귀여운 상상이 더해진 책, 'chomp', 'slurp', 'gulp'와 같은 영어 의성어도 재미있게 배울 수 있다.
2		That is Not a Good Idea Mo Willems AR: 1.0	마치 연극을 보는 느낌의 책. 응큼한 늑대보다 더 응큼했던 오리들의 반전 이야기가 재미를 준다. 이 책을 다 읽으면 제목이 입에 딱 달라붙어서, 상황에 맞게 사용할 수 있게 된다.
3		I Want My Hat Back Jon Klassen AR: 1.0	가이젤상 수상작 곰이 잃어버린 모자를 찾기 위해 여러 동물을 만나며 자신의 모자 행방에 대해서 묻는다. 과연 모자를 찾을 수 있을까? 끝까지 몰입도가 있는 책.
4		I'm the Best Lucy Cousins AR: 1.1	'내가 최고야.'라고 자랑하는 강아지 이야기를 읽으면, 나의 장점을 특정한 누군가와 비교하며 자랑하는 것이 상처를 줄 수 있다는 점을 느낀다. 난 아무것도 잘하는 것이 없다고 울 때, 친구들이 '우리는 친구가 되어 최고잖아'라고 껴안고 위로하는 법을 가르쳐 주는 책.
5	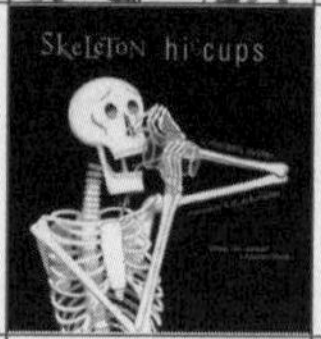	Skeleton Hiccups S. D. Schindler, Margery Cuyler AR: 1.3	'딸꾹질하는 해골'이라는 재미있는 소재의 책. 어리버리한 해골이 딸꾹질을 멈추고 싶어서 갖은 노력을 한다. 아이들 모두 딸꾹질해본 경험이 있어서, 어떻게 멈출 수 있는지 조언해 주고 싶지만, 뼈만 있는 해골은 어떤 방법도 효과가 없는 것처럼 보인다.
6		We're Going on a Bear Hunt Helen Oxenbury, Michael Rosen AR: 1.3	30년 이상 인기를 끌었던 명작 영어 그림책. 리듬감있는 영어 문장들을 작가가 재미있게 읽은 유튜브 동영상으로 인기를 끌었던 책. 곰사냥하러 위풍당당하게 떠났지만, 막상 곰을 본 후 먼 길을 다시 잽싸게 돌아오고, 문을 쿵 닫는 가족의 파란만장한 하루를 읽는 즐거움이 있다.

7		Bear About Town Debbie Harter, Stella Blackstone, Sheila Blackstone AR: 1.3	읽고 나면 마을 지도를 영어로 그려보고 싶은 책. 곰은 매일 마을로 무언가를 하기 위해 떠난다. 먼저 아이에게 뒤쪽에 나와있는 마을 지도를 보여주고 마을에 어떤 건물들이 있는지 함께 훑어볼 수 있다.
8		When Sophie Gets Angry, Really Really Angry Molly Bang AR: 1.4	칼데콧상 수상작 색채의 변화가 소피의 감정변화를 보여주는 책. 누구나 화가 날 수 있다. 이때 자연스럽게 감정을 받아들이고 진정하기 위한 자신의 방법을 찾아보는 과정을 보며 감정을 다루는 방법을 배울 수 있는 색감이 예쁜 책.
9		My Dad Anthony Browne AR: 1.4	미국에는 엄마의 날과 아빠의 날이 따로 있어서, '아빠의 날'에 읽기 좋은 책. 작가가 17살일 때 아빠가 심장마비로 돌아가셨다는데, 아빠의 따뜻한 손길과 그리움이 밀려오는 책.
10		Pete the Cat - I Love My White Shoes Eric Litwin, James Dean AR: 1.5	유튜브에서 노래 영상을 먼저 보자마자 매력에 푹 빠진 책. 자신이 사랑하는 하얀 운동화가 딸기, 블루베리, 진흙에게 수모를 당해도, 긍정적이고 덤덤하게 상황을 즐긴다. '피할 수 없으면 즐겨라'의 인생 교훈을 삶에서 실천하는 매력 넘치는 고양이 Pete의 이야기.
11		Hi! Fly Guy Tedd Arnold AR: 1.5	소년 Buzz와 똑똑한 애완파리 'Fly Guy' 사이의 우정을 그린 책. 신선한 소재와 창의적인 이야기 구성으로 책제목을 읽고 표지를 열 때마다 어떤 에피소드가 펼쳐질지 궁금해지고, 그림만 봐도 재미있어서 웃게 되는 책.
12		Knuffle Bunny Mo Willems AR: 1.6	칼데콧상 수상작 애착인형이 있는 아이라면, 누구나 공감할 수 있는 책. 실제 흑백 사진 배경에 인물이 컬러 그림으로 표현된 점이 독특하고, 흥미있는 책. 번역본인 '내 토끼 어딨어?'도 유명하다. '모 윌렘스'는 대단한 작가라고 다시 한번 생각하게 한다.
13		Goodnight Moon Margaret Wise Brown AR: 1.8	초록 벽과 주황 바닥의 집이 차분한 느낌을 주는 책으로 자기 전에 읽어주면 좋다. 자기 전 보이는 모든 사물에게 "잘자"라고 인사할 때 마음이 고요해지고, 치유 받는 느낌이 든다. 운율감이 있어서 시를 읽는 느낌을 주는 책.

14		Roller Coaster Marla Frazee AR: 1.8	롤러코스터를 타기 전의 긴장감, 탈 때의 스릴감, 타고난 후에 또 타고 싶은 마음 등 놀이기구를 타는 과정을 생동감있게 묘사했다. 놀이동산에 가 본 경험이 있는 아이라면 금세 매력에 빠질 수 있는 책.
15		Little Cloud Eric Carle AR: 1.9	작은 구름이 여러 모습으로 바뀌는 것이 인상적인 책. 아이가 구름을 볼 때마다 떠올릴 수 있는 모양 바꾸기 요술쟁이 구름 이야기를 예쁘게 표현했다.
16		Olivia Ian Falconer AR: 2.0	칼데콧상 수상작 번역서로 '그래도 엄마는 너를 사랑한단다'가 있다. 사랑스러운 아기 돼지 올리비아를 보며 5살쯤 아이의 무엇이든 열정적이고 사랑스럽던 모습을 떠올릴 수 있는 책. 검정, 빨강, 하양 세 가지 색깔만으로 등장인물의 심정을 잘 묘사한다.
17		A Dragon on the Doorstep Stella Blackstone, Debbie Harter AR: 2.1	문간에 있는 용, 옷장에 있는 악어, 다락방에 있는 거미, 장난감 상자에 있는 호랑이, 침실에 있는 큰 곰, 세탁실에 있는 사자, 차고에 있는 고릴라를 모두 따돌리고, 도망가는 아이들. 마지막에 숲속에서 동물들과 함께 숨바꼭질하는 모습이 귀엽다.
18		Popcorn Frank Asch AR: 2.3	엄마 아빠가 외출해서 친구들을 초대했는데 마치 약속한 듯 모두 팝콘을 가져온다. 표지처럼 큰 솥에 튀겨보니 온집 가득 채워진다. 먹어도 먹어도 끝이 없는 팝콘. 아이도 읽으면서 배가 팝콘으로 불러 오르는 느낌을 갖게 된다.
19		The Gruffalo Julia Donaldson, Axel Scheffler AR: 2.3	호랑이굴에 들어가도 정신만 차리면 산다. 무서운 괴물이야기 같지만, 결국 작은 쥐가 어떻게 현명하게 위기를 극복하는지 과정이 재미있는 책. 노부영 영어와 함께 읽으면, 영어책 읽기의 맛도 느낄 수 있다. 이 책을 좋아하면 'The Gruffalo's Child'도 흥미롭게 읽을 수 있다.
20		The Very Hungry Caterpillar Eric Carle AR: 2.9	배고픈 애벌레가 월요일부터 일요일까지 매일 한 개씩 늘려가며 한 잎씩 깨문 과일들이 구멍이 뚫려있어 재미있는책, "색의 마술사" 에릭 칼 작가의 색감이 돋보인다. 애벌레(Caterpillar)가 누에고치(Cocoon)에서 나비(Butterfly)로 변신하는 모습을 보는 재미도 있다.

❸ 4, 5 단계 말하기 및 쓰기 연습을 위해 좋은 리더스북 5권

- 리더스북은 외국어로 영어를 배우는 사람을 위한 책으로, 4, 5단계 모두 도움이 된다.

1		An Elephant & Piggie Book Mo Willems AR: 0.5~1.4	가이젤상 수상작 코끼리 제럴드는 사려 깊고, 고민과 생각이 많지만, 돼지 피기는 늘 긍정적이고 사랑스러우며 엉뚱하다. 비가 와서 실망하는 피기에게 자신의 귀를 우산처럼 씌워주는 마음 따뜻한 제럴드. 엄마와 아이가 코끼리와 돼지 역할을 맡아서, '리더스 씨어터'처럼 상황극을 하기 좋은 책이다.
2		I Can Read! The Biscuit Alyssa Satin Capucilli AR: 0.7~1.4	귀여운 강아지 비스킷 이야기. 강아지를 좋아하는 아이라면, 처음 읽기 책으로 추천한다. 강아지 소리를 'woof, woof'라고 따라 읽는 재미가 있다.
3		I Can Read! Little Critter Mercer Mayer AR: 0.9~1.4	처음 영어책을 볼 때, 부담 없이 편하게 접할 수 있는 캐릭터 '리틀 크리터'. 일상에서 쓰는 단어를 주로 사용해서 읽기 편하다. '리틀 크리터 캐릭터' 시리즈가 여러 개 있어서 아이가 좋아하면 주제를 확장할 수 있다.
4		Step Into Reading Berenstain Bears Stan Berenstain, Jan Berenstain AR: 0.6~1.6	베렌스타인 베어의 고전적인 느낌이 엄마의 마음에 향수를 불러일으키는 책. 곰 가족의 익살스럽고 재미있는 이야기를 통해 미국 문화도 엿볼 수 있는 장점이 있다.
5		Oxford Reading Tree 1~9단계 Roderick Hunt, Alex Brychta AR: 0.3~2.8	'ORT'라고 보통 줄여서 말하는, 30년 이상 사랑을 받아온 영국의 국민 리더스북. 키퍼네 가족의 재미있는 이야기로 지속적인 읽기가 가능하며, 영어 문장 패턴을 익힐 때 효과적이다. 단계가 올라갈수록 체계적인 단어 반복 및 문장 길이 확장으로 실력이 향상될 수 있다. 5단계부터 마법 열쇠로 신비한 여행을 떠나면서 몰입감을 높인다. 인터넷 사이트(www.oxfordowl.co.uk)에서 무료로 e-북을 볼 수 있다.

❹ 6단계 읽기 독립으로 이끄는 챕터북

1		Nate the Great Marc Simont, Marjorie Weinman Sharmat 총 29권	챕터북 입문의 기본서라고 불릴 만큼 전 세계적으로 1,700만 부 이상 팔린 인기 만점 탐정 이야기. 자신을 스스로 위대하다고 칭하는 네이트가 사건이 접수되면, 증인, 증거를 살피며 용의자를 좁혀가는 해결 과정이 흥미롭다. 탐정 이야기를 좋아하는 아이에게 추천한다.
2		Horrid Henry Early Reader Tony Ross, Francesca Simon 25권	사고뭉치 '헨리'의 일화가 재미있게 펼쳐지는 책. 아이가 평소에 부모에게 혼날까 봐 하지 못하는 모든 행동을 '헨리'가 다 하는 장면에서 대리만족을 느낄 수 있다. 컬러 삽화도 함께 있어서 읽을 때 부담감을 조금 내려놓을 수 있다.
3		Magic Tree House Mary Pope Osborne, Sal Murdocca 총 35권	번역서로 《마법의 시간 여행》이 있다. 영어 읽기의 맛을 아는 아이들에게 번역서보다 원서가 더 재미있다는 찬사를 받는 책. 잭과 애니 남매가 나무집에서 시공간을 이동하며 모험을 떠나는 이야기. 역사, 지리 등 타 교과 영역으로 지식이 확장되며, 무엇보다 상상력이 풍부해지는 책이다.
4		Dragon Masters Tracey West 총 21권	양파 농장의 아들 드레이크는 농사일을 돕다가 '드래곤 마스터'가 된다. 용과 다른 마스터들을 만나서 모험하고 성장하는 이야기. '용'이 등장하는 '판타지'를 좋아하는 아이라면 이야기에 흠뻑 젖어 들 수 있다.

부록3 영어 홈스쿨링에 유용한 사이트

사이트	소개	큐알코드
스타폴닷컴	아이가 처음 영어를 접할 때 이용하기 좋은 '유아 영어 학습 사이트'이다. 파닉스를 익히기 좋고, 게임도 할 수 있어서 재미와 학습의 두 마리 토끼를 잡을 수 있다.	
ISL콜렉티브	출력할 수 있는 유용한 자료를 아이의 언어 수준에 맞게 내려받을 수 있다. 흥미를 유발할 수 있는 영상도 많이 있다. 주제별 말하기 활동 자료가 많아서 추천하는 사이트.	
ESL키즈랩	다양한 단어학습 활동지를 제공하는 사이트. 동물, 색깔, 음식 등 주제별 자료가 많고, 단어 플래시카드 자료가 있어서 어휘학습에 좋다.	
키즈클럽	처음 아이가 알파벳 익히기 좋은 자료를 모두 무료로 출력할 수 있다. 주제별로 단어들이 사진과 함께 생생하게 표현되어 있어서, A4용지로 출력해서 오리고 붙여 미니북 만들기에 좋다.	
올ESL	아이와 집에서 영어로 재미있게 할 수 있는 67개의 보드게임이 있다. 모두 무료로 출력할 수 있다.	

부록4 돌치(Dolch)의 사이트 워드 220개

Pre-primer		Primer		First	
a	look	all	out	after	let
and	make	am	please	again	live
away	me	are	pretty	an	may
big	my	at	ran	any	of
blue	not	ate	ride	as	old
can	one	be	saw	ask	once
come	play	black	say	by	open
down	red	brown	she	could	over
find	run	but	so	every	put
for	said	came	soon	fly	round
funny	see	did	that	from	some
go	the	do	there	give	stop
help	three	eat	they	going	take
here	to	four	this	had	thank
I	two	get	too	has	them
in	up	good	under	her	then
is	we	have	want	him	think
it	where	he	was	his	walk
jump	yellow	into	well	how	were
little	you	like	went	just	when
		must	what	know	
		new	white		
		no	who		
		now	will		
		on	with		
		our	yes		

Second		Third	
always	or	about	laugh
around	pull	better	light
because	read	bring	long
been	right	carry	much
before	sing	clean	myself
best	sit	cut	never
both	sleep	done	only
buy	tell	draw	own
call	their	drink	pick
cold	these	eight	seven
does	those	fall	shall
don’t	upon	far	show
fast	us	full	six
first	use	got	small
five	very	grow	sart
found	wash	hold	ten
gave	which	hot	today
goes	why	hurt	together
green	wish	if	try
its	work	keep	warm
made	would	kind	
many	write		
off	your		

부록5

영국의 시민단체 '내셔널 트러스트(National Trust)' 선정 '아이가 12살 되기 전에 해야 하는 50가지 놀이'

SCAN ME

큐알코드를 찍으면 50가지 놀이의 자세한 활동 방법을 찾아볼 수 있습니다.

1. 나무에 대해 알아보기(Get to know a tree)
2. 큰 언덕에서 구르기(Roll down a really big hill)
3. 자연에서 야영하기(Camp outdoors)
4. 동굴 같은 아지트 만들기(Build a den)
5. 물수제비 만들기(Skim a stone)
6. 비 맞으며 뛰어다니기(Go welly wandering)
7. 연날리기(Fly a kite)
8. 낚시, 그물로 고기 잡기(Spot a fish)
9. 자연에서 소풍 도시락 먹기(Eat a picnic in the wild)
10. 도토리 쪼개기, 호두 깨기(Play conkers)
11. 자전거로 다니며 탐색하기(Explore on wheels)
12. 막대기로 즐겁게 놀기(Have fun with sticks)
13. 진흙 파이 만들기(Make a mud creation)
14. 개울에 둑쌓기(Dam a stream)
15. 겨울 모험 떠나기(썰매 타기)(Go on a wintry adventure)

16. 자연(꽃밭)에서 왕관을 만들어 쓰기(Wear a wild crown)

17. 달팽이(곤충) 경주(Set up a snail race)

18. 식물로 예술작품 만들기(Create some wild art)

19. 다리 위에서 나뭇가지를 개울에 던져서 경주하기(Play pooh sticks)

20. 노 젓기(Go paddling)

21. 야생 음식 채집하기(Forage for wild food)

22. 재미있는 모습의 곰팡이 찾기(Find some funky fungi)

23. 해 뜨는 모습 보기(Get up for the sunrise)

24. 맨발로 이동하기(Go barefoot)

25. 자연에서 악기 만들어 소리내기(Join nature's band)

26. 화석과 땅속에 묻혀있는 동물 뼈 찾기(Hunt for fossils and bone)

27. 별 구경하기(Go stargazing)

28. 큰 언덕 오르기(Climb a huge hill)

29. 동굴 탐험(Explore a cave)

30. 보물찾기(Go on a scavenger hunt)

31. 벌레와 친구하기(Make friends with a bug)

32. 래프팅하기(Float in a boat)

33. 구름 감상하기(Go cloud watching)

34. 야생 동물의 흔적 발견하기(Discover wild animal clues)

35. 연못에 무엇이 있는지 발견하기(Discover what's in a pond)

36. 야생 동물을 위한 집 만들기(Make a home for a wildlife)

37. 바위 웅덩이에서 신비한 생물 탐험(Explore the wonders of a rock pool)

38. 나비 키우기(Bring up butterfly)

39. 게 잡기(Catch a crab)

40. 밤에 자연 산책하기(Go on a nature walk at night)

41. 식물 기르기(Help a plant grow)

42. 바다에서 수영하기(Go swimming in the sea)

43. 야생 동물 돕기(Help a wild animal)

44. 새 관찰하기(Watch a bird)

45. 지도로 길 찾기(Find your way with a map)

46. 암벽 등반하기(Clamber over rocks)

47. 캠프파이어에서 요리하기(Cook on a camp fire)

48. 자연 일기 쓰기(Keep a nature diary)

49. 일몰 감상하기(Watch the sunset)

50. 친구와 함께 자연 탐험하기(Take a friend on a nature adventure)